NOUVEAU
DELF

★A1/A2★

ANNE-LYSE DUBOIS,

BÉATRICE TAUZIN,

*Professeurs formateurs
à l'Alliance Française de Paris*

> **OBJECTIF**

EXPRESS

LE MONDE PROFESSIONNEL EN FRANÇAIS

CAHIER
D'ACTIVITÉS

HACHETTE
Français langue étrangère
www.hachettefle.fr

Intervenants

Couverture et page de titre : Sophie Fournier – Amarante

Création de maquette intérieure : MÉDIAMAX

Illustrations : Jean-Marie Renard

Mise en page et stylisme des documents : MÉDIAMAX

Secrétariat d'édition : Patricia Landry

Assistanat d'édition : Valérie Verdier

Traduction phonétique du lexique : Célyne Huet

Photographies : Géraldine Ferrer (p. 57, 59), B. Grimalt (p. 58)

D.R. : Association Atout Majeur, Ivry-sur-Seine (p. 80)

Pour découvrir nos nouveautés, consulter notre catalogue en ligne, contacter nos diffuseurs ou nous écrire, rendez-vous sur Internet : **www.hachettefle.fr**

ISBN 978-2-01-155445-1

© Hachette Livre 2006, 43, quai de Grenelle, F 75905 Paris Cedex 15.

SOMMAIRE

A | Ravi de vous connaître

COMMUNIQUER

Retenez p. 10

1. ENCHANTÉ !

Remettez le dialogue dans l'ordre.

1) Je vais bien merci. Et toi, ça va ?

2) Enchanté !

3) Bonjour Paul. Comment vas-tu ?

5) Oui, ça va. Je te présente Pierre Bodot !

4) Bonjour Marie !

Paul : 4

Marie : 3

Paul : 1

Marie : 5

Paul : 2

GRAMMAIRE

Outils ling. n° 1 p. 16

2. PRÉSENTATIONS

■ Le verbe *être*

Complétez avec les formes correctes du verbe *être*.

1) Je .... Bernard Caron, le chef des ventes.

2) Je te présente Amélie Leblanc. Elle .... informaticienne.

3) Je vous présente Madame Françoise Morel et Madame Odile Trubert. Elles .... assistantes.

4) Vous .... Brigitte Dubois, la responsable des ressources humaines ?

5) Je vous présente Jacques Fournier, il .... informaticien.

6) Voici Séverine Bel et Marc Blanchu. Ils .... commerciaux.

GRAMMAIRE

Outils ling. n° 2 p. 16

3. IDENTITÉS

■ Le verbe *s'appeler*

Mémo

■ *Le verbe s'appeler s'écrit avec L pour nous et vous et LL pour les autres personnes avant la lettre e.*
Ex. : Nous nous appelons.
Je m'appelle.

Complétez avec *je, tu, il, elle, nous, vous, ils* ou *elles*.

1) Je suis la responsable des ressources humaines. ...... m'appelle Patricia Nicolas.

2) ...... s'appelle Frédéric Lacheret. Il est ingénieur.

3) ...... s'appellent Gabrielle Lerois et Annie Besançon. Elles sont commerciales.

4) ...... nous appelons Pierre et Sophie Grange. Nous sommes dentistes.

5) Je vous présente la directrice des ventes. ...... s'appelle Véronique Dupuis.

6) ...... vous appelez Cédric Gros ?

GRAMMAIRE

Outils ling. n° 8 p. 17

4. SALUTATIONS

■ Le verbe *aller*

Entourez la forme correcte du verbe *aller*.

1) – Bonjour, ça **vais / va / allons** ?

   – Oui, je **vais / vas / allez** très bien merci. Et toi, tu **vais / vas / va** bien ?

   – Oui, merci.

2) – Bonjour Monsieur et Madame Vallet, comment **vais / va / allez** -vous ?

– Nous **va /allons /allez** très bien merci. Et vous, vous **vais / va / allez** bien ?

– Oui, très bien merci.

GRAMMAIRE

*Outils ling. nᵒˢ 1, 2
p. 16 et nᵒ 8 p. 17*

5. CONVERSATIONS

■ Les verbes *être* / *s'appeler* / *aller*

Complétez les dialogues avec les formes correctes des verbes *être* / *s'appeler* / *aller*.

1) – Salut Gilles, comment tu .... ?

– Je .... bien merci.

2) – Comment .... votre collègue ?

– Il .... Brice Legarde. Il .... informaticien.

3) – Vous .... suisse ?

– Oui, et je .... Catherine Grosclaude.

GRAMMAIRE

VOCABULAIRE

Outils ling. nᵒ 5 p. 16

6. CARTES DE VISITE

■ Masculin et féminin des noms de profession

Associez les cartes aux dessins et barrez le mot incorrect.

1)
Murielle Barque
Coiffeur
Coiffeuse

2)
Jacques Douté
Avocat
Avocate

3)
Gabrielle Lounier
Serveur
Serveuse

4)
Loïc Briand
Pharmacien
Pharmacienne

5)
Gilles Faréo
Présentateur
Présentatrice

6)
Sabine Pitavy
Informaticien
Informaticienne

7)
Didier Tournon
Infirmier
Infirmière

8)
Virginie Marin
Acteur
Actrice

a) .... Infirmier ....

b) .. Pharmacien ..

c) .... Advocat ....

d) Informaticienne

e) .... Serveuse ....

f) .. Coiffeuse ..

g) .. Actrice ..

h) .. présentateur ..

B Un visa, s'il vous plaît !

7. DEMANDE D'INFORMATIONS

Classez les questions dans le tableau.

1) Vous vous appelez comment ?
2) Vous êtes français ?
3) Quel est votre nom ?
4) Quelle est votre profession ?
5) Vous êtes journaliste ?
6) Quelle est votre nationalité ?
7) Vous êtes monsieur ?

Questions sur l'identité (nom / prénom)	Questions sur la nationalité	Questions sur la profession
....	....	....

8. GENRE

■ Les articles indéfinis

Complétez avec *un, une* ou *des*.

1) ...... collègues
2) ...... directrice
3) ...... visa
4) ...... professions
5) ...... formulaire
6) ...... consulat
7) ...... employées
8) ...... prénom
9) ...... service
10) ...... nationalité
11) ...... ambassade
12) ...... visiteurs
13) ...... fiche
14) ...... commerciaux
15) ...... société

9. INTERROGATOIRE

Associez les questions et les réponses.

a) Vous êtes marié ?
b) Vous êtes chinois ?
c) Quel est votre prénom ?
d) Quel est le nom de votre société ?
e) Vous êtes médecin ?

1) Oui, à l'hôpital Béclère.
2) David.
3) Société Bricotout.
4) Non, je suis célibataire.
5) Non, je suis japonais.

a	
b	
c	
d	
e	

10. SAVOIR VIVRE

■ Les formules de politesse

Ajoutez les expressions de politesse.

Dialogue 1

– Un formulaire ....

– Voilà Monsieur !

– .... beaucoup. ...., Madame.

Dialogue 2

– ...., mademoiselle. Comment allez-vous ?

– Je vais bien, ...

GRAMMAIRE

Outils ling. n° 4 p. 16

11. MOTS CROISÉS

■ Adjectifs de nationalité

a) Complétez la grille avec les adjectifs de nationalité au masculin.

Pays : Angleterre / Allemagne / Belgique / Danemark / Espagne / Italie / Portugal / Suisse

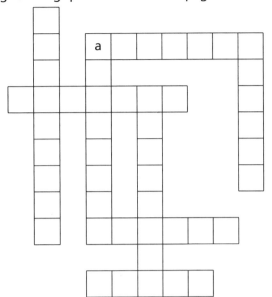

PHONIE-GRAPHIE

b) Trouvez l'adjectif de nationalité au féminin. Puis écrivez l'adjectif au masculin dans la bonne colonne.

Pays	Adjectif féminin	Adjectif masculin (même prononciation)	Adjectif masculin (prononciation différente)
Angleterre	....	....	....
Allemagne	....	....	....
Belgique	....	....	....
Danemark	....	....	....
Espagne	....	....	....
Italie	....	....	....
Portugal	....	....	....
Suisse	....	....	....

GRAMMAIRE

Outils ling. nᵒˢ 4 et 5 p. 16

12. PERSONNEL INTERNATIONAL

■ Masculin et féminin des adjectifs de nationalité et des noms de profession

Mettez *Un* si c'est un homme et *Une* si c'est une femme.

1) .... informaticien vietnamien

2) .... directrice marketing française

3) .... présidente allemande

4) .... adjoint du directeur chinois

5) .... responsable des achats américain

6) .... assistante brésilienne

7) .... standardiste espagnole

8) .... délégué commercial japonais

C Voici un formulaire

Outils ling. n°5 p. 16,
Retenez et
Communiquez p. 13

COMMUNIQUER

13. TOUT FAUX

Remettez les informations à leur emplacement exact.

Nom : *34, rue de Volvic, 26320 Saint-Marcel*	Nom : ....
Prénom : *Américaine*	Prénom : ....
Nationalité : *Myriam*	Nationalité : ....
Situation de famille : *Société Syntaxe*	Situation de famille : ....
Profession : *Benett*	Profession : ....
Adresse : *Ingénieur*	Adresse : ....
Employeur : *Divorcée*	Employeur : ....

VOCABULAIRE

Retenez p. 13

14. DATES

Écrivez la date complète.

1) 08/05/1996 ➜ le 8 mai 1996.

2) 29/12/2003 ➜ ....

3) 04/03/1984 ➜ ....

4) 22/10/2000 ➜ ....

5) 14/02/1979 ➜ ....

6) 25/08/2006 ➜ ....

VOCABULAIRE

15. LE MOT DE TROP

Rayez l'intrus.

1) nom / profession / prénom

2) nationalité / célibataire / divorcé

3) profession / employeur / date de naissance

4) lieu de naissance / adresse / date de naissance

GRAMMAIRE

Outils ling. n° 6 p. 17

COMMUNIQUER

16. SONDAGE

Reliez les mots pour poser des questions.

Quel		

• est •   • votre •

| Quelle | | |

- **1)** nationalité
- **2)** nom
- **3)** date de naissance
- **4)** adresse
- **5)** prénom
- **6)** situation de famille
- **7)** profession

1) .... ?

2) .... ?

3) .... ?

4) .... ?

5) .... ?

6) .... ?

Mémo

■ Quel
est masculin.
Quelle
est féminin.
La
*prononciation
est la même*
[kel].

GRAMMAIRE

Outils ling. n° 7 p. 17

17. C'EST À MOI

■ Adjectifs possessifs

Donnez la forme correspondante : *mon* **ou** *ma*.

1) Votre prénom	Mon prénom
2) Votre nationalité	....
3) Votre date de naissance	....
4) Votre adresse	....
5) Votre lieu de naissance	....
6) Votre passeport	....
7) Votre visa	....
8) Votre profession	....
9) Votre employeur	....
10) Votre directrice	....

D Au consulat

COMMUNIQUER

18. FORMALITÉS

Lisez le formulaire et répondez aux questions. Faites des phrases complètes.

> Nom : *Merckx*
> Prénom : *Frédéric*
> Nationalité : *belge*
> Situation de famille : *marié*
> Profession : *médecin*
> Adresse : *23 rue de Strasbourg 33000 Bordeaux*
> Adresse électronique : *fmerckx@free.fr*

1) – Quelle est votre adresse ?

  – ....

2) – Vous êtes français ?

  – ....

3) – Quelle est votre profession ?

  – ....

4) – Quel est votre nom ?

  – ....

5) – Vous êtes marié ?

– ....

6) – Vous avez une adresse électronique ?

– ....

7) – Comment s'écrit votre prénom ?

– ....

COMMUNIQUER

Retenez p. 15

19. CARNET D'ADRESSES

Écrivez les adresses électroniques.

1) B A R T H minuscule arobase club tiret internet point fr

....

2) M A X minuscule point D U B minuscule arobase free point net

....

COMMUNIQUER

Repères culturels p. 19

20. QUESTION DE RELATIONS

■ *Tu* ou *vous* ?

Cochez dans la bonne colonne.

Vous dites...	À une personne proche	À une personne peu connue
1) Vous avez une adresse électronique ?		
2) Comment vas-tu ?		
3) Vous êtes chinois ?		
4) Comment vous vous appelez ?		
5) Quelle est ton adresse ?		
6) Quel est votre employeur ?		
7) Je te présente ma collègue ?		

21. CARTES DE VISITE

Lisez les cartes de visite et complétez le tableau.

a)
Victor Pinson

60, avenue de la libération – 14000 Caen
Mél : vpinson@freenet.fr

b)
Dr Claire Biro
Chirurgien

Tél. : 05 84 37 23 19   6 rue de Belgique
33390 Blaye

c)
*M. et Mme Dubois
et leurs enfants*

Tél. : 03 54 76 89 31   3 rue Victor Hugo – 68000 Colmar

d)
Société **A**bscisses

Éva Petit

54 bd St Germain - 75006 Paris
Tél : 01 45 37 81 57 / 01 75 05 41 29

1) La personne donne sa profession.	Carte n° ....
2) La personne travaille à Paris.	Carte n° ....
3) La personne ne donne pas de numéro de téléphone.	Carte n° ....
4) La personne travaille pour une entreprise.	Carte n° ....
5) C'est la carte d'une famille.	Carte n° ....
6) La personne a une adresse Internet.	Carte n° ....

22. SIGLES

Lisez les sigles à haute voix et dites à quoi ils correspondent.

1) EDF •
2) BD •
3) SNCF •
4) VO •
5) TGV •
6) RATP •
7) GDF •

• a) Société nationale des chemins de fer français
• b) Train à grande vitesse
• c) Électricité de France
• d) Bande dessinée
• e) Gaz de France
• f) Version originale
• g) Régie autonome des transports parisiens

A S'il vous plaît !

COMMUNIQUER

Retenez p. 22

1. DEMANDES POLIES

■ Formules de politesse

Remettez les mots dans l'ordre pour retrouver des expressions polies.

1) vous / voudrais / je / visa / mademoiselle, / un / s'il / bonjour / plaît !
2) passeport ? / avoir / monsieur, / je / pardon / pourrais / votre
3) madame, / adresse ? / est / excusez-moi / votre / quelle
4) beaucoup / café ! / pour / merci / le
5) pour / remercie / vous / je / photocopie ! / la
6) voudrais / Julie, / je / le / vous / excusez-moi / s'il / fichier / plaît !

1) ....
2) ....
3) ....
4) ....
5) ....
6) ....

COMMUNIQUER

Retenez p. 22

2. TU OU VOUS ?

Cochez l'énoncé qui convient à la situation.

Vous parlez...	*Vous dites...*
1) À une personne proche	❏ Un coca, s'il te plaît. ❏ Un coca, s'il vous plaît.
2) À une personne peu connue ou inconnue	❏ Excuse-moi, tu es marié ? ❏ Excusez-moi, vous êtes marié ?
3) À une personne proche	❏ Je te remercie pour l'invitation. ❏ Je vous remercie pour l'invitation.
4) À une personne proche	❏ Je te présente mon père. ❏ Je vous présente mon père.
5) À une personne peu connue ou inconnue	❏ Je pourrais avoir un café, s'il te plaît ? ❏ Je pourrais avoir un café, s'il vous plaît ?
6) À une personne peu connue ou inconnue	❏ Je suis ravie de te connaître. ❏ Je suis ravie de vous connaître.
7) À une personne proche	❏ Excuse-moi, tu as un stylo ? ❏ Excusez-moi, vous avez un stylo ?
8) À une personne peu connue ou inconnue	❏ Je te remercie pour le visa. ❏ Je vous remercie pour le visa.

GRAMMAIRE

Révision outils ling. n° 3 p. 16

3. DANS L'ENTREPRISE

■ Un / une / des

Entourez l'article qui convient.

1) Je travaille dans *un / une / des* entreprise française.

2) J'ai *un / une / des* assistante et trois collaborateurs.

3) Aujourd'hui, nous préparons *un / une / des* réunion avec *un / une / des* collègues allemands et je présente *un / une / des* dossier sur *un / une / des* projet important.

GRAMMAIRE

4. C'EST AU PLURIEL !

■ Le pluriel des mots

Complétez le tableau.

Singulier	Pluriel	Singulier	Pluriel
1) Ma collègue	Mes collègues	**6)** Une demande	....
2) Une entreprise	....	**7)** Mon prénom	....
3) Un visa	....	**8)** Une adresse	....
4) Votre formulaire	....	**9)** Ton fichier	....
5) Un dossier	....	**10)** Une réunion	....

B Vous travaillez dans quoi ?

GRAMMAIRE

Outils ling. n° 2 p. 28

5. INTERROGATOIRE

■ Le verbe *avoir*

Complétez les dialogues avec les formes correctes du verbe *avoir*.

1) – Vous .... des enfants ?

– Oui, nous .... un fils et une fille.

– Ils .... quel âge ?

– Romain .... 13 ans et Pauline, 8 ans.

2) – Excusez-moi, mademoiselle, vous .... un stylo ?

– Non, mais j'................. un crayon. Tenez !

– Merci beaucoup !

3) – Excuse-moi Anne, nous .... un rendez-vous avec le responsable marketing,

tu .... le dossier « Europe » ?

– Oui, tiens !

– Merci.

GRAMMAIRE

*Outils ling. n° 1 p. 16
et n° 2 p. 28*

6. ÊTRE OU PAS

■ *Être* et *avoir*

Complétez avec *j'ai* ou *je suis*.

1) Je m'appelle Julien Tessier. .... 35 ans, ... marié et .... deux enfants.

2) Je travaille dans une usine. .... responsable de la production et .... beaucoup
de responsabilités.

3) .... une voiture et un téléphone portable pour travailler, alors .... satisfait.

VOCABULAIRE

Retenez p. 24

7. LE BON NUMÉRO

■ Les nombres

Écrivez en lettres les numéros gagnants du loto.

(47) .... (19) ....

(16) .... (53) ....

(31) .... (6) ....

(22) .... (44) ....

GRAMMAIRE

8. QUESTIONS PRÉCISES

■ *Avoir / être / travailler / habiter*

**Complétez le dialogue avec les verbes qui conviennent. Attention à la conjugaison ! (Plusieurs
réponses possibles.)**

1) – Vous .... à Pékin ?

2) – Oui, je .... chinoise.

3) – Et vous .... pour une entreprise française ?

4) – Oui, je .... traductrice.

5) – Vous .... mariée ?

6) – Oui, et j'............. 2 enfants.

7) – Et votre mari, il .... dans quoi ?

8) – Il .... professeur d'anglais.

VOCABULAIRE

Outils ling. n° 8 p. 29

GRAMMAIRE

9. PAYS D'EUROPE

■ Les noms de pays

**Mettez les articles devant les noms des pays
et placez-les sur la carte.**

1) ...... Allemagne

2) ...... Autriche

3) ...... Belgique

4) ...... Danemark

5) ...... Espagne

6) ...... Finlande

7) ...... France

8) ...... Italie

9) ...... Grèce

10) ...... Luxembourg

11) ...... Norvège

12) ...... Pologne

13) ...... Portugal

14) ...... Royaume-Uni

15) ...... Suède

16) ...... Suisse

17) ...... République
tchèque

18) ...... Pays-Bas

19) ...... Hongrie

20) ...... Estonie

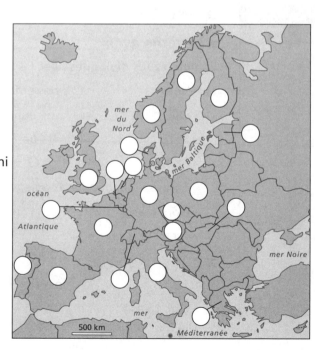

10. GLOBE-TROTTERS

■ Prépositions : *à, au, en, chez, pour*

Complétez avec la préposition qui convient.

Mes amis travaillent dans le monde entier :

1) Gilles est .... Japon, ... Tokyo, ... Alcatel.

2) Rachèle travaille .... New York, ... une entreprise allemande.

3) Marc est ingénieur .... Renault , ... Chine.

4) Jean-Luc travaille .... une banque .... Londres.

5) Édith est médecin et travaille .... Rio, ... Brésil.

6) Nathalie est professeur .... Suisse, ... Lausanne.

7) Joël dirige une entreprise .... Kenya.

8) Maëlys est .... Carrefour .... Argentine.

11. LA FAMILLE

Rayez l'intrus.

1) le frère / la mère / la sœur

2) le mari / la femme / la grand-mère

3) le petits-fils / la grand-mère / le grand-père

4) les enfants / le frère / les parents

5) le père / la mère / le fils

6) la grand-mère / le frère / la mère

12. MA FAMILLE

Lisez l'arbre généalogique. Vous êtes Catherine Blanchet ou Bruno Castaldi, présentez votre famille dans un petit texte.

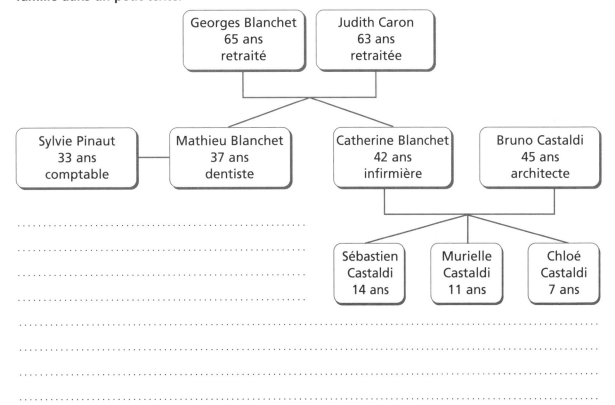

....

....

....

....

....

....

....

....

GRAMMAIRE

Outils ling. n° 6 p. 29

13. APPARTENANCE

■ Les adjectifs possessifs

Complétez le tableau avec les adjectifs possessifs.

	Un livre	Des dossiers	Un ordinateur	Une fiche	Des stylos	Une adresse
1) C'est à nous.	. . . .	. . . .	. . . .	. . . .	. . . .	. . . .
2) C'est à Paul.	. . . .	. . . .	. . . .	. . . .	. . . .	. . . .
3) C'est à moi.	. . . .	. . . .	. . . .	. . . .	. . . .	. . . .
4) C'est à vous.	. . . .	. . . .	. . . .	. . . .	vos stylos	. . . .
5) C'est à Nicolas et Laure.	leur livre	. . . .	. . . .	. . . .	. . . .	. . . .
6) C'est à toi.	. . . .	. . . .	ton ordinateur	. . . .	. . . .	. . . .

Mémo

■ *Le genre du possesseur n'est pas important.*

VOCABULAIRE

Retenez p. 24 et Repères culturels p. 30

14. DOMAINE PROFESSIONNEL

Associez le domaine professionnel et le dessin.

a)

1) Les télécommunications

2) L'informatique

b)

c)

3) La construction automobile

4) L'enseignement

d)

5) Le commerce

e)

6) La communication

f)

Quelles sont vos habitudes en avion ?

VOCABULAIRE

GRAMMAIRE

*Retenez p. 26 et
Outils ling. n° 1 p. 28*

15. DES GOÛTS ET DES COULEURS

■ Pour dire les goûts

a) Associez les pictos et les verbes.

1) ☺ ☺ •   • détester
2)   ☺ •   • adorer
3)   ☹ •   • aimer / apprécier
4) ☹ ☹ •   • ne pas aimer / ne pas apprécier

b) Écrivez les phrases pour exprimer les goûts de chaque personne.

1) Les enfants ☺ ☺ le coca. ....

2) Je ☹ ☹ les réunions. ....

3) Nous ☺ les voyages. ....

4) Mon fils ☺ ☺ les dessins animés. ....

5) Tu ☹ les films américains. ....

6) Gabrielle ☹ la musique classique. ....

7) Ma collègue ☹ ☹ l'avion. ....

8) Ils ☺ ☺ les livres. ....

9) Vous ☺ l'informatique. ....

10) La responsable ☹ ses collègues. ....

11) Je ☺ ton prénom. ....

16. TOUS LES GOÛTS SONT DANS LA NATURE

GRAMMAIRE

Outils ling. n° 5 p. 28

■ Les articles définis

Associez les énoncés selon l'article.

1) J'adore le ...

2) Je déteste la ...

3) Je n'aime pas les ...

4) Je préfère l'...

a) art moderne (m)
b) café (m)
c) documentaires (m)
d) football (m)
e) grammaire (f)
f) gymnastique (f)
g) histoire (f)
h) réunions (f)
i) mathématiques (f)
j) musique rap (f)
k) théâtre (m)
l) restaurants japonais (m)
m) informatique (f)
n) ski (m)
o) politique (f)

1	2	3	4
....	....	....	....

17. GOÛTS MUSICAUX

GRAMMAIRE

Outils ling. n° 7 p. 29

■ Les pronoms toniques

Complétez avec *Moi, Toi, Lui, Elle, Nous, Vous, Eux, Elles* les phrases suivantes :

1) ...., il adore le jazz.

2) ...., vous aimez la musique classique.

3) ...., tu détestes la salsa.

4) ...., elles apprécient le rock.

5) ...., elle n'aime pas le disco.

6) ...., je préfère le reggae.

7) ...., nous aimons toutes les musiques.

8) ...., ils aiment beaucoup le zouk.

18. Qui est-ce ?

a) Lisez les informations et écrivez un texte pour présenter les personnes.

Nom et prénom	Pierre Pons	Julia Pozzi
Âge	45 ans	30 ans
Situation de famille	marié, 3 enfants	célibataire
Lieu de résidence	Marseille	Florence
Nationalité	français	italienne
Profession	consultant	pharmacienne
Goûts ☺	tennis / vin	films français / danse
☹	voyages / musique classique	informatique / télé

1) Il ....

....

....

....

2) Elle ....

....

....

....

b) Sur le même modèle, présentez-vous dans un petit texte.

Je ....

....

....

....

19. Lieux et activités

Outils ling. n° 1 p. 28

■ Le présent des verbes en -*ER*

a) Trouvez la forme correcte des verbes entre parenthèses.

1) *Au bureau*

Le directeur (rencontrer) .... les clients, l'assistante (taper) .... les lettres, les commerciaux (proposer) .... les produits, tu (consulter) .... ta messagerie, nous (travailler) .... en équipe.

2) *Dans le train*

Un homme (téléphoner) ...., une femme (travailler) ...., des touristes (parler) .... anglais, j'(écouter) .... de la musique.

3) *En classe*

Le professeur (expliquer) .... le vocabulaire, les étudiants (poser) .... des questions, nous (répéter) .... les phrases. J'(étudier) .... les conjugaisons.

■ *La terminaison -ENT de la troisième personne du pluriel ne se prononce pas.*

b) Lisez les phrases obtenues à voix haute et rayez les lettres finales qui ne se prononcent pas.

GRAMMAIRE

Outils ling. n° 3 p. 28

20. DÉSOLÉ !

■ La forme négative *ne ... pas*

Répondez aux questions, utilisez la forme négative.

1) Vous parlez russe ? Non, désolé, je ....

2) Ils habitent ici ? Non, désolé, ils ....

3) Tu travailles chez Monoprix ? Non, désolé je ....

4) Je regarde tes messages ? Non, désolé, tu ....

5) Jacques dîne avec nous ? Non, désolé, il ....

6) Vous aimez le thé ? Non, désolés, nous ....

7) Nous étudions le dossier ? Non, désolé, vous ....

GRAMMAIRE

Retenez p. 26

21. CARACTÈRES OPPOSÉS

■ La forme négative *ne ... jamais*

Dites le contraire, utilisez *ne ... jamais*.

Ex. : Jean regarde toujours les plannings, moi, je ....
Jean regarde toujours les plannings, moi, je ne regarde jamais les plannings.

Mémo

■ *La forme négative française a toujours deux parties :*
ne ... pas
ne ... jamais

1) Ma collaboratrice parle toujours anglais. Moi, je ....

2) Tes collègues préparent toujours les réunions. Toi, tu ....

3) Il écoute toujours les informations. Elle, elle ....

4) Vous travaillez toujours tard. Nous, nous ....

5) Nous discutons toujours au restaurant. Eux, ils ....

6) Je montre toujours mes projets. Vous, vous ....

COMMUNIQUER

Retenez p. 26

22. INTERVIEW

Associez les questions et les réponses.

Questions	Réponses
1) – Quelles entreprises françaises connaissez-vous ?	a) – csourlier@praxis.com.
2) – Quel est le nom de votre entreprise ?	b) – Oui, elle s'appelle Hélène.
3) – Quel âge a votre directeur ?	c) – Avec deux SS et un Y.
4) – Vous avez une assistante ?	d) – Je suis commercial.
5) – Quel est le secteur d'activité de votre entreprise ?	e) – Oui, je vais beaucoup en Asie.
6) – Vous travaillez dans quoi ?	f) – La communication.
7) – Comment s'appelle votre correspondant en Indonésie ?	g) – Praxis.
8) – Comment s'écrit le nom de votre DRH* ?	h) – Total, Renault et Carrefour.
9) – Quelle est votre adresse électronique professionnelle ?	i) – 53 ans.
10) – Vous voyagez souvent ?	j) – Il s'appelle John Briany.

1	2	3	4	5	6	7	8	9	10
....	....	....	....	....	....	....	....	....	....

* Directeur des ressources humaines

VOCABULAIRE

Retenez p. 26

GRAMMAIRE

23. HABITUDES

■ Adverbes de fréquence

Dites les habitudes. Utilisez les mots pour indiquer la fréquence.

1) Je vais à la campagne. (+) ....

2) Nous mangeons au restaurant. (–) ....

3) Ils regardent la télé. (++) ....

4) Tu écoutes la radio. (– –) ....

5) Elle regarde ses messages. (–) ....

6) Nous sommes malades. (– –) ....

7) Jacques parle anglais au bureau. (+) ....

8) Mes collègues arrivent à l'heure. (+++) ....

D Bienvenue à Paris !

GRAMMAIRE

Outils ling. n° 4 p. 28

24. QUE FAIRE ?

■ Le verbe *faire*

Retrouvez dans la grille la conjugaison du verbe *faire* à toutes les personnes, au présent de l'indicatif (5 mots).

B	U	I	T	A	F	O	N
U	F	A	I	S	O	N	S
F	A	R	F	U	N	I	F
A	F	A	I	S	T	B	E
I	C	F	R	F	A	I	R
T	U	A	A	S	T	O	A
E	M	I	S	F	A	I	T
S	A	S	O	T	I	L	E

Mémo

■ *La 1ʳᵉ personne du pluriel du verbe* faire, faisons, *se prononce* [fəzɔ̃].

VOCABULAIRE

Retenez p. 27

25. MÉTÉO

Regardez les illustrations et dites quel temps il fait.

a) Il fait beau. **b)** Il fait chaud. **c)** Il y a du vent. **d)** Il pleut. **e)** Il fait froid. **f)** Il neige.

Mémo

■ *Les saisons*
22 décembre :
l'hiver,
20 mars :
le printemps,
21 juin : l'été,
23 septembre :
l'automne.

1) .... **2)** .... **3)** ....

4) .... **5)** .... **6)** ....

L'ORAL DU **DELF A1** :

Il se compose de deux parties :
• Une épreuve de compréhension de l'oral (notée sur 25) :
vous devez répondre à des questions de compréhension portant sur trois ou quatre documents très courts. Chaque document dure environ trois minutes et parle d'une situation de la vie quotidienne. La durée totale de l'épreuve est de vingt minutes environ.
• Une épreuve de production orale (notée sur 25) :
cette épreuve d'expression orale se compose de trois parties :
– un entretien dirigé (deux minutes) ;
– un échange d'informations (deux minutes) ;
– un dialogue simulé (deux minutes).
L'épreuve dure de cinq à sept minutes. La première partie se déroule sans préparation et pour la deuxième et la troisième, vous avez dix minutes de préparation.

Compréhension des écrits

Vous êtes Vincent. Vous recevez cette carte postale.

Cher Vincent,

Comment vas-tu ?

J'aime beaucoup mon travail dans les télécommunications chez Euronest à Montréal, mais je déteste le temps : il fait froid et il neige. Aujourd'hui, la température est de − 17 ° ! Mon directeur est brésilien et j'ai beaucoup de collègues étrangers. Je vais souvent en mission aux États-Unis et quelquefois au Mexique et au Brésil. Le week-end je fais du ski. Je prépare mes vacances en France en juin. Quel est ton planning en juin ? Tu joues toujours au tennis ? Moi, pas beaucoup mais je joue toujours du jazz.

À bientôt

Benoît

M. Vincent Lucas

17, avenue de la Manga

40510 Seignosse

France

Cochez (☒) la bonne réponse.

	Vrai	Faux	On ne sait pas
1) Vincent est un collègue.	❑	❑	❑
2) Benoît est en vacances à Montréal.	❑	❑	❑
3) Benoît apprécie le temps froid.	❑	❑	❑
4) Benoît voyage dans trois pays.	❑	❑	❑
5) Les collègues de Benoît sont canadiens.	❑	❑	❑
6) Benoît est mexicain.	❑	❑	❑
7) Vincent et Benoît font du sport.	❑	❑	❑
8) Vincent travaille en France.	❑	❑	❑
9) Benoît prépare un séjour au Canada en juin.	❑	❑	❑
10) Benoît fait de la musique.	❑	❑	❑

Production écrite

Vous êtes Monsieur Mérat. Remplissez le formulaire.

PUBLI
COMMU-
NICATION

Chritian MÉRAT

Directeur commercial

36, rue Voltaire
44000 Nantes

Tél. : 02 40 40 65 98
Fax : 02 40 54 87 98
Mél : cmerat@publicom.fr

Salon de l'entreprise

Pour obtenir votre badge, complétez ce formulaire.

M. ☐   Mlle ☐   Mme ☐   Nom : ....

Prénom : ....   Société : ....

Adresse : ....

Code postal : ....   Pays : ....

Tél : ....   Télécopie : ....

Courriel : ....

Votre fonction	Secteur d'activité	Département / service
☐ Président Directeur Général	☐ Assurance	☐ Direction générale
	☐ Automobile	☐ Ressources humaines
☐ Directeur	☐ Communication	☐ Informatique
☐ Chef de service	☐ Télécommunications	☐ Marketing / Communication
☐ Ingénieur	☐ Pétrole / Chimie	☐ Commercial
	☐ Autre :	☐ Production
		☐ Autre : ....

Production orale : échange d'informations

CONTENU DE L'ÉPREUVE

Aidez-vous des mots sur les cartes pour poser des questions à l'examinateur. L'épreuve dure environ deux minutes.

Vous faites un sondage pour un opérateur de téléphone. Vous posez des questions à un client à partir des mots sur les cartes.

Nom ?

Situation familiale ?

Enfants ?

Prénom ?

Nationalité ?

Activités du week-end ?

Adresse ?

Profession ?

Employeur ?

Secteur d'activité ?

A | Allô !

GRAMMAIRE

Outil ling. n° 1 p. 42

1. VIE SOCIALE

■ Les pronoms personnels *te* / *vous*

Faites des phrases à partir des éléments de chaque colonne et conjuguez les verbes.

1) Je	t' / te	appeler lundi	....
2) L'assistante	vous	téléphoner	....
3) Nous	t' / te	inviter au restaurant	....
4) Le directeur	vous	écouter	....
5) Les stagiaires	t' / te	regarder	....
6) Mickaël	vous	expliquer le dossier	....
7) Ta collègue	t' / te	présenter son collègue	....
8) Je	vous	parler	....

Mémo

■ *Les verbes s'accordent avec les sujets.*

GRAMMAIRE

Outil ling. n° 2 p. 42

2. DE BONNES RAISONS

■ L'expression de la cause avec *parce que*

Choisissez les raisons pour compléter les dialogues.

a) Parce qu'elle est la responsable commerciale.
b) Parce qu'ils préparent une conférence internationale.
c) Parce qu'il travaille pour une société japonaise.
d) Parce que j'ai un rendez-vous important.
e) Parce que je vais aux États-Unis bientôt.
f) Parce que nos clients sont à l'étranger.
g) Parce que nous cherchons un numéro de téléphone.

1) – Pourquoi tu vas à Rouen ?
   – .... f)

2) – Pourquoi Mme Lemerle fait le planning de visite ?
   – .... a)

3) – Pourquoi les directeurs ont une réunion ?
   – .... b)

4) – Pourquoi tu demandes un visa ?
   – .... e)

5) – Pourquoi vous voyagez souvent ?
   – .... d)

6) – Pourquoi Gilles habite au Japon ? c)
   – ....

7) – Pourquoi vous regardez le fichier ? g)
   – ....

Mémo

■ *Parce que devient parce qu' devant une voyelle ou un h. parce qu'il.*

3. C'est quand ?

■ La date et les jours de la semaine

Regardez le calendrier et répondez aux questions.

MARS	AVRIL	MAI	JUIN	JUILLET	AOÛT	SEPTEMBRE
07 h 33 à 18 h 34	07 h 29 à 20 h 21	06 h 31 à 21 h 06	05 h 52 à 21 h 46	05 h 51 à 21 h 58	06 h 24 à 21 h 30	07 h 07 à 20 h 33
1 M Cendres	1 S Hugues	1 L FÊTE DU TRAVAIL	1 J Justin	1 S Thierry	1 M Alphonse 31	1 V Gilles
2 J Charles le Bon	2 D Sandrine	2 M Boris 18	2 V Blandine	2 D Martinien	2 M Julien Eymard	2 S Ingrid
3 V Guénolé	3 L Richard 14	3 M Philippe, Jacques	3 S Kévin	3 L Thomas	3 J Lydie	3 D Grégoire
4 S Casimir	4 M Isidore	4 J Sylvain	4 D PENTECÔTE	4 M Florent 27	4 V Jean-Marie Vianney	4 L Rosalie 36
5 D 1er Dim. de Carême	5 M Irène	5 V Judith	5 L De Pentecôte 23	5 M Antoine	5 S Abel	5 M Raïssa
6 L Colette	6 J Marcellin	6 S Prudence	6 M Norbert	6 J Mariette	6 D Transfiguration	6 M Bertrand
7 M Félicité 10	7 V J-B. de la Salle	7 D Gisèle	7 M Gilbert	7 V Raoul	7 L Gaëtan 32	7 J Reine
8 M Jean de Dieu	8 S Julie	8 L VICTOIRE 1945	8 J Médard	8 S Thibaut	8 M Dominique	8 V Nativité N.-D.
9 J Françoise	9 D Rameaux	9 M Pacôme 19	9 V Diane	9 D Amandine	9 M Amour	9 S Alain
10 V Vivien	10 L Fulbert 15	10 M Solange	10 S Landry	10 L Ulrich 28	10 J Laurent	10 D Inès
11 S Rosine	11 M Stanislas	11 J Estelle	11 D Trinité	11 M Benoît	11 V Claire	11 L Adelphe 37
12 D Justine	12 M Jules	12 V Achille	12 L Guy 24	12 M Olivier	12 S Clarisse	12 M Apollinaire
13 L Rodrigue 11	13 J Ida	13 S Rolande	13 M Antoine de Padoue	13 J Henri, Joël	13 D Hippolyte	13 M Aimé
14 M Mathilde	14 V Vendredi Saint	14 D Matthias	14 M Élisée	14 V FÊTE NATIONALE	14 L Evrard 33	14 J La Croix Glor.
15 M Louise	15 S Paterne	15 L Denise 20	15 J Germaine	15 S Donald	15 M ASSOMPTION	15 V Roland
16 J Bénédicte	16 D PÂQUES	16 M Honoré	16 V Jean-Franç. Régis	16 D N-D.du Mt-Carmel	16 M Armel	16 S Édith
17 V Patrice	17 L DE PÂQUES 16	17 M Pascal	17 S Hervé	17 L Charlotte 29	17 J Hyacinthe	17 D Renaud
18 S Cyrille	18 M Parfait	18 J Éric	18 D Fête des Pères	18 M Frédéric	18 V Hélène	18 L Nadège 38
19 D Joseph	19 M Emma	19 V Yves	19 L Romuald 25	19 M Arsène	19 S Jean-Eudes	19 M Émilie
20 L PRINTEMPS 12	20 J Odette	20 S Bernardin	20 M Silvère	20 J Marina	20 D Bernard	20 M Davy
21 M Clémence	21 V Anselme	21 D Constantin	21 M ÉTÉ	21 V Victor	21 L Christophe 34	21 J Matthieu
22 M Léa	22 S Alexandre	22 L Émile 21	22 J Alban	22 S Marie-Madeleine	22 M Fabrice	22 V Maurice
23 J Mi-Carême	23 D Georges	23 M Didier	23 V Audrey	23 D Brigitte	23 M Rose de Lima	23 S AUTOMNE
24 V Cath. de Suède	24 L Fidèle 17	24 M Donatien	24 S Jean-Baptiste	24 L Christine 30	24 J Barthélemy	24 D Thècle
25 S Annonciation	25 M Marc	25 J ASCENSION	25 D Augustin de C.	25 M Jacques	25 V Louis	25 L Hermann 39
26 D Larissa	26 M Alida	26 V Bérenger	26 L Anthelme 26	26 M Anne, Joachim	26 S Natacha	26 M Côme, Damien
27 L Habib 13	27 J Zita	27 S Augustin de C.	27 M Fernand	27 J Nathalie	27 D Monique	27 M Vincent de Paul
28 M Gontran	28 V Valérie	28 D Fête des Mères	28 M Irénée	28 V Samson	28 L Augustin 35	28 J Venceslas
29 M Gwladys	29 S Cath. de Sienne	29 L Aymard 22	29 J Pierre, Paul	29 S Marthe	29 M Sabine	29 V Michel
30 J Amédée	30 D Robert	30 M Ferdinand	30 V Martial	30 D Juliette	30 M Fiacre	30 S Jérôme
31 V Benjamin		31 M Visitation		31 L Ignace de Loyola	31 J Aristide	

1) Le 24 avril, c'est un lundi.

2) Le 6 avril, c'est un *Jeudi*.

3) Le 16 avril, c'est un *dimanche*.

4) Le 16 mai, c'est un *mardi*.

5) Le 12 juin, c'est un *lundi*.

6) Le 30 juin, c'est un *vendredi*.

7) Le 1er juillet, c'est un *samedi*.

8) Le 19 juillet, c'est un *mercredi*.

Précisez les jours fériés.

1) Quel est le jour de Pâques ? → C'est le dimanche 16 avril.

2) Quel est le jour de la fête du Travail ? → *lundi 1 mai*

3) Quel est le jour de l'Armistice de 1945 ? → *lundi 8 Mai*

4) Quel est le jour de l'Ascension ? → *jeudi 25 Mai*

5) Quel est le jour de la Fête nationale ? → *vendredi 14 juillet*

4. Tu es où ?

■ La préposition *à* pour localiser

Complétez les phrases avec *au*, *à la* ou *à l'*.

1) Je suis *à l'aérogare*

2) Je suis ....

3) Je suis *au Maroc*

4) Je suis ....

5) Je suis *à la gare*

6) Je suis *au restaurant*

VOCABULAIRE

Retenez p. 24 et 34

5. Numéros de téléphone

Écrivez les numéros de téléphone en chiffres.

1) Zéro deux, cinquante-trois, vingt-huit, quatre-vingt-dix, zéro trois :

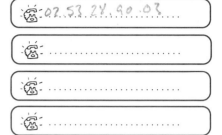 ☎ 02.53.28.90.03

2) Zéro six, quarante et un, quatre-vingt-neuf, quarante-cinq, cinquante-sept :

☎ . . . .

3) zéro six, trente-six, dix-neuf, soixante-deux, quatre-vingt-seize :

☎ . . . .

4) zéro cinq, vingt-neuf, seize, zéro zéro, quatre-vingts :

☎ . . . .

COMMUNIQUER

Retenez p. 35

6. Conversation téléphonique

Retrouvez l'ordre du dialogue.

n° ..1.. **a)** – Allô, Madame Pinaut ?

n° ..8.. **b)** – Merci bien, à tout à l'heure pour la réunion !

n° ..4.. **c)** – Ah ! Bonjour Claire, vous allez bien ?

n° ..3.. **d)** – Bonjour, c'est Claire Bonnal.

n° ..7.. **e)** – Oui, c'est le 01 45 73 28 07.

n° ..9.. **f)** – Oui, à tout à l'heure !

n° ..5.. **g)** – Oui, très bien merci. Je vous téléphone parce que j'ai le dossier de Madame Blanc.

n° ..6.. **h)** – Ah ! C'est bien ! Et vous avez son numéro de téléphone ?

n° ..2.. **i)** – Oui c'est moi.

COMPRENDRE

Retenez p. 35

7. Planning chargé

Nous sommes le 3 mars aujourd'hui. Lisez les explications et corrigez l'agenda.

Ce soir, j'ai rendez-vous chez le dentiste à 18 h.
Demain après-midi, j'étudie le budget.
Cet après-midi, je vais à Chambourcy à 14 h et j'ai une réunion au bureau à 16 h.
Demain matin, je prépare une interview.
Ce matin, je rencontre le président.
Demain soir, je dîne avec Luc et Sophie.

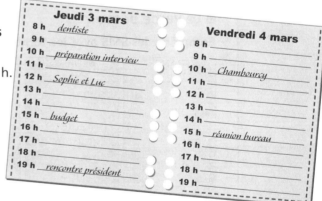

COMMUNIQUER

Retenez p. 35

8. Journées bien remplies

Lisez les pages d'agenda et écrivez un texte pour expliquer votre planning.

Mardi 13 septembre		Mercredi 14 septembre
8 h Tennis		8 h Départ Toulouse
9 h		9 h
10 h Réunion équipe direction		10 h Rencontre ingénieurs Airbus
11 h		11 h
12 h		12 h
13 h Déjeuner Philippe		13 h Déjeuner DRH Airbus
14 h Étude dossier « Finiac »		14 h Visite usine
15 h		15 h
16 h		16 h
17 h RDV tél M. Prion		17 h
18 h		18 h Retour Paris
19 h Dîner restaurant		19 h
20 h Anniversaire Claude		20 h

B | Ne quittez pas !

COMMUNIQUER

9. RENDEZ-VOUS

Complétez le courriel avec les mots suivants : *absent / appelle / bientôt / désolée / message / moment / peux / remercie / réunion / salut / organiser / fixer.*

De : Muriel
À : Gilles
Cc :
Objet :

.... Gilles,

Je te .... pour ton ....

Je suis .... mais M. Dahan est ....

pour le .... et je ne .... pas

.... la .... avec toi.

Je t'...................... mardi pour .... une date.

À ....   Murielle

GRAMMAIRE

Outil ling. n° 5 p. 42

10. POSSIBILITÉS

■ **Le verbe *pouvoir***

Complétez les SMS avec les formes correctes du verbe *pouvoir*.

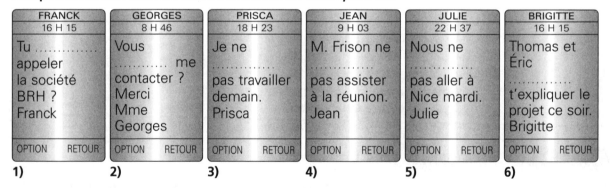

FRANCK 16 H 15	GEORGES 8 H 46	PRISCA 18 H 23	JEAN 9 H 03	JULIE 22 H 37	BRIGITTE 16 H 15
Tu .... appeler la société BRH ? Franck	Vous .... me contacter ? Merci Mme Georges	Je ne .... pas travailler demain. Prisca	M. Frison ne .... pas assister à la réunion. Jean	Nous ne .... pas aller à Nice mardi. Julie	Thomas et Éric .... t'expliquer le projet ce soir. Brigitte
OPTION RETOUR	OPTION RETOUR	OPTION RETOUR	OPTION RETOUR	OPTION RETOUR	OPTION RETOUR
1)	2)	3)	4)	5)	6)

GRAMMAIRE

Outils ling. n° 7 p. 43

11. COMMUNICATION

■ **Les verbes en *-dre* : *répondre, attendre, descendre, entendre***

Conjuguez correctement les verbes entre parenthèses.

1) Les collaborateurs .... (répondre) à ton message.

2) Nous .... (attendre) un appel.

3) Tu .... (entendre) un bip.

4) Je .... (répondre) au téléphone.

5) La standardiste .... (attendre) parce que son correspondant est en ligne.

6) Vous .... (entendre) bien la communication.

Mémo

■ Répondre – attendre – descendre – entendre.

Base des verbes + s, s, t, ons, ez, ent.

Répondre + s, s, t, ons, ez, ent.

GRAMMAIRE

Outil ling. n° 3 p. 42

Mémo

■ *Le verbe* **dire**
Je dis
Tu dis
Il / elle dit
Nous disons
Vous dites
Ils / elles disent

12. À QUI ?

■ La préposition *à*

1) Complétez le texte avec *au, à la, à l'* ou *aux*.

Aujourd'hui, je communique avec beaucoup de personnes :

Je dis bonjour . . . . collègues, je téléphone . . . . directeur commercial, je parle

. . . . assistante, je réponds . . . . clientes, j'envoie un message . . . . responsable

de la publicité, j'explique le planning . . . . vendeurs.

2) Réécrivez le texte avec *à + mon, ma* ou *mes* ou *à + un, une, des*.

. . . .

. . . .

. . . .

. . . .

. . . .

. . . .

Mémo

■	Nous répondons **au** directeur. Tu téléphones **aux** clients.	Nous répondons **à un** directeur. Tu téléphones **à des** clients.
	↓	↓
	Le directeur et les clients sont des personnes précises ou particulières.	Le directeur et les clients ne sont pas des personnes uniques, particulières ou précises.
Avec les adjectifs possessifs et les articles indéfinis, on utilise à. *Exemple :* Je parle à mon collègue / je parle à un collègue.		

COMMUNIQUER

Retenez p. 38

13. LES MOTS QU'IL FAUT

Cochez la bonne réponse.

1) Vous dites « C'est de la part de qui ? » pour :
❏ **a)** vous présenter.
❏ **b)** demander l'identité de votre correspondant.

2) Vous dites « C'est pour quoi ? » pour :
❏ **a)** expliquer pourquoi vous appelez.
❏ **b)** demander pourquoi votre correspondant appelle.

3) Vous dites « Ne quittez pas » pour :
❏ **a)** demander à votre correspondant de rester en ligne.
❏ **b)** dire au revoir à votre correspondant.

4) Vous dites « Je peux laisser un message ? » parce que :
❏ **a)** vous voulez donner un message.
❏ **b)** vous voulez prendre un message.

5) Vous dites « Je peux prendre vos coordonnées » pour :
❏ **a)** demander les coordonnées de votre correspondant.
❏ **b)** donner vos coordonnées.

C | Laissez un message après le bip sonore !

VOCABULAIRE

COMMUNIQUER

Retenez p. 39

14. TEMPS LIBRE

■ Le vocabulaire des loisirs et activités culturelles

1) Choisissez le(s) verbe(s) qui correspond(ent) dans la liste pour compléter le sondage : *aller, visiter, écouter, regarder, faire* (attention à la conjugaison !).

2) Répondez au sondage pour parler de vos loisirs et écrivez un petit texte.

Qu'est-ce que vous faites pendant votre temps libre ?

Âge : .... Sexe : ....

	souvent	quelquefois	rarement	jamais
1) Vous .... au théâtre.	❑	❑	❑	❑
2) Vous .... la télé.	❑	❑	❑	❑
3) Vous .... au cinéma.	❑	❑	❑	❑
4) Vous .... au spectacle.	❑	❑	❑	❑
5) Vous .... au concert.	❑	❑	❑	❑
6) Vous .... du sport.	❑	❑	❑	❑
7) Vous .... des expositions.	❑	❑	❑	❑
8) Vous .... des musées.	❑	❑	❑	❑
9) Vous .... des conférences.	❑	❑	❑	❑
10) Vous .... des DVD.	❑	❑	❑	❑
11) Vous .... au restaurant.	❑	❑	❑	❑

Mes loisirs : ....

....

GRAMMAIRE

*Outils ling. n° 8.
p. 43*

15. POUR FINIR, IL FAUT CHOISIR

■ Les verbes en -IR

Complétez la grille avec les formes correctes des verbes *choisir* et *finir*.

28

16. INVITATIONS EN SÉRIE

a) Lisez les invitations et complétez le tableau.

1)

SALON DE L'AUTOMOBILE 2006
AUTOPLUS

À L'OCCASION DE L'INAUGURATION DU
SALON, NOUS VOUS INVITONS À UN
COCKTAIL SUR NOTRE STAND (INVITATION
POUR 2 PERSONNES)

MERCREDI 18 JANVIER, À 18 H 30
PARC DES EXPOSITIONS. STAND 8.

2)

À l'occasion de leur mariage,
Paul et Sophie vous invitent
à un dîner
au restaurant « le Bleuet »,
le samedi 8 juillet
à 20 h.

3)

À l'occasion du lancement
du produit « Cirella »,
le responsable marketing
invite tous les collaborateurs
à une réunion d'information
le jeudi 2 mars à 15 h
dans la salle de réunion.

4)

SALUT FRANCK,
JE T'INVITE À UNE FÊTE VENDREDI SOIR
À 21H CHEZ MOI, À L'OCCASION DE
MON ANNIVERSAIRE.
BISES,
SARAH

MON ADRESSE : 26 BD ST GERMAIN, PARIS 6ᵉ

	Invitation 1	Invitation 2	Invitation 3	Invitation 4
Qui invite ?	Autoplus	....	....	....
Qui est invité ?	....	Vous	....	....
Quand ?	....	....	Le jeudi 2 mars à 15 h	....
Où ?	....	....	....	26 bd St Germain Paris 6ᵉ
Pourquoi ?	....	....	Lancement du produit « Cirella »	....
Pour quoi faire ?	Un cocktail	....	....	....

b) Rédigez les invitations qui correspondent aux fiches suivantes (sur une feuille à part).

Qui invite ?	L'Ambassadeur de France	Le DRH
Qui est invité ?	Vous	Le personnel
Quand ?	Le 14 juillet à 18 h	Le 10 février à 12 h
Où ?	Salon du consulat	Salle de restaurant
À quelle occasion ?	La fête nationale	Ouverture du nouveau restaurant
Pour quoi faire ?	La projection du film « Marianne »	Apéritif

3) Relisez l'annonce n° 1 et complétez le courriel.

abҫab	Police ▼	Taille ▼	G	I	S	T	≡	≡	≡	⅟ ☰	⇆ ⇄	A ▼	◈ ▼	—

```
.............. Béatrice,

J'ai une .............. pour 2 .............. à un .............. mercredi

à 18 h 30 sur le .............. d'Autoplus au salon de l' .............. .

Tu .............. les voitures alors je t' .............. . Tu es ..............

mercredi à 18 h 30 ?

Bises,                              Pascal
```

D | Vous avez un nouveau message

COMMUNIQUER

Retenez p. 41

17. MERCI POUR L'INFO !

Voici un message amical de Benoît. Transformez ce message en message formel.

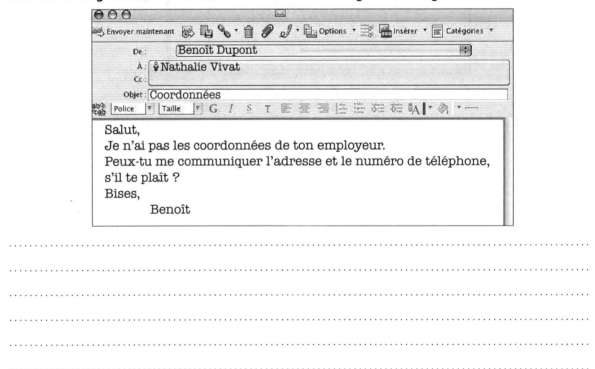

....

....

....

....

....

....

GRAMMAIRE

*Outil ling. n° 6 p. 43
et Rep. cult. p. 45*

18. RÈGLES DE POLITESSE

■ Le verbe *devoir*

Complétez les phrases avec la forme correcte du verbe *devoir*.

1) Je ne ....*dois*.... pas téléphoner le dimanche.

2) Nous ...*devons*... couper notre téléphone portable au restaurant.

3) Julie ....*doit*.... mettre son téléphone en « mode vibreur » au bureau.

4) Tu ne ....*dois*.... pas téléphoner après 21 h.

5) Vous ne ...*devez*.... pas crier au téléphone.

6) Les conducteurs ne ...*doivent*... pas téléphoner en voiture.

GRAMMAIRE

Outils ling. n° 5 p. 42 et n° 6 p. 43

19. ENTRE POUVOIR ET DEVOIR

■ Les verbes *pouvoir* et *devoir*

Barrez la phrase qui ne convient pas à la situation.

1) En classe,	a) je dois poser des questions.	b) je peux poser des questions.
2) Au téléphone,	a) je dois dire bonjour.	b) je peux dire bonjour.
3) Au restaurant,	a) je dois payer.	b) je peux payer.
4) Dans le train,	a) je dois téléphoner.	b) je peux téléphoner.
5) Au bureau,	a) je dois travailler.	b) je peux travailler.

VOCABULAIRE

Retenez p. 41

20. PARLEZ-VOUS INFORMATIQUE ?

■ Le vocabulaire informatique

Associez l'icône de votre ordinateur à sa signification.

1) Expéditeur •   • a) 🖨️

2) Envoyer •   • b) 📋

3) Joindre •   • c) 📎

4) Destinataire •   • d) Exp. :

5) Copier / coller •   • e) 💾

6) Imprimer •   • f) Dest. :

7) Enregistrer •   • g) ✉️

PHONIE-GRAPHIE

21. LETTRES MUETTES

■ Les finales non prononcées

Lisez les phrases à voix haute et barrez les lettres finales qui ne se prononcent pas.

1) Nous répondons au client.

2) Je finis les fiches.

3) Tu peux laisser un message ?

4) Il attend un coup de téléphone.

5) Les directeurs choisissent le logo.

A Où souhaitez-vous partir ?

COMMUNIQUER

Retenez p. 49

1. DITES-MOI...

■ Les mots interrogatifs

Complétez le dialogue avec *où, qui* ou *quand.*

1) – .... sont les dossiers ?

   – Au bureau.

2) – .... pouvez-vous téléphoner aux clients ?

   – Demain matin.

3) – .... travaille avec vous ?

   – Monsieur Mariani et Mademoiselle Percheron.

4) – .... allez-vous à New York ?

   – Le 20 juin.

5) – .... prépare le voyage ?

   – Notre assistante.

6) – .... elle achète les billets ?

   – À l'agence de voyage.

PHONIE-GRAPHIE

Mémo

■ où *(avec un accent)* indique un lieu.
Où habites-tu ?
Ou *(sans accent)* indique un **choix**.
Vous allez à Paris **ou** à Bordeaux ?

GRAMMAIRE

Outil ling. n° 1 p. 56

2. LIEU OU CHOIX ?

Complétez en choisissant entre *ou* et *où*.

1) Tu prends le train .... l'avion ?

2) Pierre, c'est ton nom .... ton prénom ?

3) .... est ton bureau ?

4) Nous avons rendez-vous avec le directeur financier .... avec le directeur marketing ?

5) Ton assistante prend le bus .... ?

3. ENQUÊTE DE SATISFACTION

■ La forme interrogative soutenue

Transformez les questions du dialogue à la forme soutenue.

1) – Comment vous vous appelez ? ➜ ....
   – Gilles Vaucheret

2) – Où vous habitez ? ➜ ....
   – À Rambouillet.

3) – Quel âge vous avez ? ➜ ....
   – 35 ans.

4) – Quel métier vous faites ? ➜ ....
   – Je suis journaliste.

5) – Où vous travaillez ? ➜ ....
   – À Paris.

6) – Vous prenez le train tous les jours ? ➜ ....
   – Oui.

7) – À quelle gare vous descendez ? ➜ ....
   – À Paris Montparnasse.

8) – Vous êtes satisfait du service ? ➜ ....
   – Oui.
   – Merci Monsieur !

4. C'est l'heure !

■ L'heure officielle

VOCABULAIRE

Retenez p. 49

a) Associez l'heure aux cadrans.

1) Il est zéro heure. •   • a) `09:15`

2) Il est vingt-deux heures dix. •   • b) ⊙

3) Il est neuf heures quinze. •   • c) ⊡

4) Il est quatorze heures cinquante-cinq. •   • e) `18:30`

5) Il est dix-huit heures trente. •   • f) ⊙

b) Écrivez l'heure correspondant aux cadrans.

1) `12:00` ....

2) ⊙ ....

3) `01:40` ....

4) ⊡ ....

5) ⊙ ....

VOCABULAIRE

Vocabulaire p. 48

5. Petit service

Complétez le mél avec les mots suivants : *abonnement, aller-retour, classe, départ, partir, réservation, retour, train.*

De :	G. Folio
À :	👤 Brigitte Servan
Cc :	
Objet :	Voyage à Nantes

Brigitte,
Je vais à Nantes en .... le 12 février.

Pouvez-vous faire ma ...., s'il vous plaît ?

Je voudrais un billet ....

Je souhaite avoir un .... le matin à 7 heures en 1re ....

J'ai un .... « grand voyageur » (numéro 6743).

Pour le ...., je voudrais .... de Nantes à 18 heures.
Merci d'avance,
M. Folio

GRAMMAIRE

Outils ling. n° 4 p. 56

6. Départs en masse !

■ Le verbe *partir*

Complétez la conjugaison du verbe *partir* dans les SMS.

JEAN 13 H 55	FABRICE 09 H 17	JOËL 16 H 26	VALÉRIE 12 H 02	VINCENT 18 H 48	CHRISTIAN 11 H 05	STÉPHANIE 07 H 35
Nous par......... au Mexique jeudi. Jean	Je par......... au Danemark avec toi. Fabrice	Vous par......... en Tunisie quand ? Joël	Les commerciaux par......... au Brésil en mai. Valérie	Tu par......... à Madagascar pour les vacances ? Vincent	Mme Mignot par......... en mission au Vietnam. Christian	Le train par......... à quelle heure ? Stéphanie
OPTION RETOUR	OPTION RETOUR	OPTION RETOUR	OPTION RETOUR	OPTION RETOUR	OPTION RETOUR	OPTION RETOUR
1)	2)	3)	4)	5)	6)	7)

COMMUNIQUER

Retenez p. 49

7. À votre service !

a) Dites qui parle.

	L'agent de voyage	Le client
1) Non, ma femme participe au voyage.		
2) Oui, pour quelle destination ?		
3) Quand souhaitez-vous partir ?		
4) C'est parfait ! Merci !		
5) Je souhaite un départ le 1er août et un retour le 14 août.		
6) D'accord, pour une personne ?		
7) Pour Tahiti.		
8) Bonjour Madame, je voudrais faire une réservation, s'il vous plaît ?		
9) Alors, vous avez un aller le 1er août, départ à 14 h 09 et un retour le 14 août, départ de Tahiti le soir.		

b) Remettez le dialogue dans l'ordre.

....

GRAMMAIRE

Outils ling. n° 7 p. 57

8. Question de volonté

■ Le verbe *vouloir*

Complétez les dialogues avec les formes correctes du verbe *vouloir*.

Ex. : La cliente souhaite une place couloir ?
➔ Oui, elle veut une place couloir.

1) – Vous souhaitez prendre un ticket ?

– Oui, je ....

2) – Le contrôleur souhaite vérifier votre abonnement ?

– Oui, il ....

Mémo

■ *Pour demander poliment, dites je voudrais. Je veux indique une volonté, un ordre.*

3) – Je souhaite voyager en première classe !

– D'accord, tu ....

4) – Les hôtesses souhaitent aider les voyageurs.

– C'est vrai, elles ....

5) – Vous souhaitez regarder le plan du métro?

– Oui, s'il vous plaît, nous ....

6) – Nous souhaitons acheter un aller-retour.

– D'accord, vous ....

B | Informations voyageurs

GRAMMAIRE

9. LES DÉRIVÉS DE PRENDRE

■ Les verbes en *-dre*

a) Choisissez le verbe qui convient (plusieurs possibilités).

Prendre ●————————————————→ • un billet

• le français

Apprendre ●
• la grammaire
• le bus

Comprendre ●
• le planning
• l'avion

Mémo

■ *Les verbes prendre, apprendre et comprendre ont la même conjugaison. Verbe à 3 bases : je / tu / il prend-, nous / vous pren-, ils prenn-*

b) Faites des phrases avec le verbe qui convient.

1) Je .... un billet.

2) Tu .... le français.

3) Il / elle .... la grammaire.

4) Nous .... le bus.

5) Vous .... le planning.

6) Ils / elles .... l'avion.

GRAMMAIRE

Outils ling. n° 4 p. 56

10. D'OÙ VIENNENT-ILS ?

■ Les prépositions et le verbe *venir*

Dites le pays d'origine des passagers.

M. Maurice Lavoine vient ....

Mme Sanae Anzo vient ....

Mme Susan Dowling vient ....

M. Sasha Afanasenko vient ....

M. Anh Khoa Phung vient ....

Mme Ana Milovic vient ....

M. Marteen Van Beck vient ....

Mme Julia Rusconi vient ....

M. Ronaldo Ferreira vient ....

Mme Myoung Ji vient ....

Mémo

■ *Attention ! On dit : de Hollande.*

Noms des passagers	Nationalité
M. Maurice Lavoine	Français
Mme Sanae Anzo	Japonaise
Mme Susan Dowling	Américaine
M. Sasha Afanasenko	Ukrainien
M. Anh Khoa Phung	Vietnamien
Mme Ana Milovic	Russe
M. Marteen Van Beck	Hollandais
Mme Julia Rusconi	Italienne
M. Ronaldo Ferreira	Brésilienne
Mme Myoung Ji	Coréenne

11. HORAIRES D'AVION

■ Les verbes *aller*, *partir*, *venir* et les prépositions *de / à / en*

Consultez les tableaux et renseignez les personnes.

Arrivées à Paris

VILLE	DÉPART	ARRIVÉE	AÉROPORT	VOL
Abidjan ○ Côte○d'Ivoire	11.00	17.20	Orly sud	VU901
Agadir ○ Maroc	06.20	08.20	Orly sud	CRL716
Alicante ○ Espagne	16.10	16.50	Orly sud	UX1280
Amsterdam ○ Pays○Bas	10.30	11.55	Roissy CDG	AF8230

Départs de Paris

VILLE	DÉPART	ARRIVÉE	AÉROPORT	VOL
Athènes ○ Grèce	13.35	17.20	Roissy 2A	DL051
Atlanta ○ États○Unis	10.15	14.10	Roissy 2E	AF3160
Aqaba ○ Jordanie	08.00	14.00	Roissy 1	JAV1402
Aberdeen ○ Royaume○Uni	06.20	09.20	Roissy 2F	AF5555

1) D'où vient le vol VU901 ?

....

2) Où arrive l'avion en provenance d'Alicante ?

....

3) De quel aéroport part le vol AF5555 ?

....

4) Où va le vol DL051 ?

....

5) De quelle ville part le vol CRL716 ?

....

6) À quelle heure arrive le vol en provenance d'Amsterdam ?

....

7) Quelle est la destination du vol JAV1402 ?

....

8) De quel pays vient le vol AF8230 ?

....

9) D'où arrive le vol UX1280 ?

....

10) À quelle heure part le vol AF3160 ?

....

11) De quelle ville part le vol JAV1402 ?

....

VOCABULAIRE

Retenez p. 52

12. BOUTIQUES ET SERVICES

a) Associez les boutiques et les produits (aidez-vous d'un dictionnaire).

Boutiques

1)   2)   3)   4)

5)   6)   7)   8)

Produits

- **a)** Un magazine / un livre
- **b)** Un foulard / un pull
- **c)** Des cigarettes / une bouteille de vin
- **d)** Une eau de toilette / du maquillage
- **e)** Un sac / un portefeuille
- **f)** Des objets souvenirs
- **g)** Des chocolats / des bonbons
- **h)** Une montre / un bijou

1	
2	
3	
4	
5	
6	
7	
8	

b) Regardez le plan et localisez les commerces de l'aéroport. Utilisez à *côté de / derrière / entre / en face de.*

1) La confiserie est .... la bijouterie.

2) La boutique de parfums et de cosmétiques est .... la boutique de souvenirs.

3) La boutique de mode est .... la confiserie.

4) La bijouterie est .... la confiserie et le magasin de souvenirs.

5) La maroquinerie est .... la boutique de souvenirs, ... la librairie.

6) La librairie est .... la boutique de mode et la maroquinerie.

7) La bijouterie est .... la boutique d'alcool et tabac.

Parfu-merie	Alcools / Vins / Tabac	Salon voyageurs VIP
Souvenirs	Bijoux Cadeaux	Confiserie Bonbons

Guichets Air France	Maroquinerie	Librairie	Mode

EMBARQUEMENT

COMPRENDRE
Retenez p. 52

13. RENDEZ-VOUS

■ Prépositions de localisation

Notez le numéro du SMS à l'endroit du rendez-vous.

1)
BRICE
18 H 02
Rendez-vous devant le restaurant
OPTION RETOUR

2)
PATRICK
22 H 36
Rendez-vous sous l'arbre
OPTION RETOUR

3)
GABRIEL
14 H 23
Rendez-vous à droite de la fontaine
OPTION RETOUR

4)
ELLIOT
8 H 57
Rendez-vous sur le pont
OPTION RETOUR

5)
CLARA
22 H 37
Rendez-vous entre le pont et l'arbre
OPTION RETOUR

6)
GÉRARD
16 H 15
Rendez-vous à gauche du restaurant
OPTION RETOUR

GRAMMAIRE

14. LOCALISATIONS

■ Les articles contractés

Complétez les phrases. (Plusieurs réponses possibles.)

Mémo

■ de + le = du
de + la = de la
de + l' = de l'
de + les = des

1) Je suis à côté des...

2) Nous attendons en face de la...

3) Il y a un café à droite de l'...

4) Elles ont rendez-vous près du...

a) poste
b) hôtel
c) restaurant
d) boutique
e) escaliers
f) distributeur
g) guichets
h) arrêt de bus

1	......
2	......
3	......
4	......

COMMUNIQUER
Retenez p. 52

15. DEMANDE DE RENSEIGNEMENTS

a) Retrouvez les questions posées.

1) vous / est / la / s'il / où / poste / plaît / ? ....

2) des / est-ce qu' / ici / toilettes / il y a / ? ....

3) est / vous / la / savez / banque / où / ? ....

4) distributeur / il y a / escaliers / à côté / un / des / ? ....

5) le / la / est / à / côté / est-ce que / café / gare / de / ? ....

b) Pour chaque question, cochez la réponse qui convient.

1) a) ☐ – Désolé, je ne sais pas.   b) ☐ – Oui, il y a une poste.

2) a) ☐ – Bien sûr, madame.   b) ☐ – Elles sont modernes.

3) a) ☐ – C'est la Banque de l'Ouest.   b) ☐ – En face de la poste.

4) a) ☐ – Elle est juste à côté du restaurant. b) ☐ – Non, monsieur. Il est à droite.

5) a) ☐ – Oui, il y a la gare.   b) ☐ – Non, il est à côté de la poste.

C Pour aller à l'aéroport ?

COMMUNIQUER
Retenez p. 54

16. MOYENS DE LOCOMOTION

■ Les prépositions *en* et *à*

Donnez la façon de dire équivalente.

Ex. : Pour aller au bureau, je prends le bus. → Je vais au bureau en bus.

1) Pour aller à Bruxelles, nous prenons le train. → ....

Mémo

■ **en** *voiture, avion, train, métro, bus.* Mais aussi **en** / **à** *moto, vélo, pied.* On dit les deux !

2) Pour rentrer chez eux, les employés prennent le métro. → ....

3) Pour livrer les pizzas, Luc prend sa moto. → ....

4) Pour aller à la réunion, Pierre prend la voiture. → ....

5) Pour aller à Madrid, les hommes d'affaires prennent l'avion. → ....

6) Pour aller à mon rendez-vous, je prends un taxi. → ....

7) Pour aller travailler, Judith prend son vélo. → ....

GRAMMAIRE

Outils ling. n° 7 p. 43

17. VERBES CROISÉS

■ Le verbe *descendre*

Placez dans la grille toutes les formes du verbe *descendre* conjugué au présent.

GRAMMAIRE

18. INDICATIONS

■ La conjugaison des verbes au présent

a) Conjuguez correctement les verbes entre parenthèses.

> Envoyer maintenant | Options | Insérer | Catégories
>
> De :
> À :
> Cc :
> Objet :
>
> Police | Taille | G I S T
>
> Bonjour Pauline,
> Je te (confirmer) .... la soirée de vendredi pour l'anniversaire d'Éric.
> Si tu (venir) .... en train, voici les indications :
> Tu (devoir) .... prendre le train de banlieue.
> Tu (aller) .... à la gare Montparnasse et tu (prendre) .... un billet pour « Plaisir ».
> Si tu (finir) .... ton travail à 18 h 30, tu (pouvoir) .... prendre le train de 19 h 23. Il (être) .... direct.
> À la gare de Plaisir, tu (monter) .... dans le bus 213. J'(habiter) ....
> à 5 minutes de la gare.
> Tu (descendre) .... à l'arrêt Brassens dans ma rue. Je suis au numéro 45.
> À vendredi,
> Nicole
> PS : Tu (pouvoir) .... apporter une boisson si tu (vouloir) ....

b) Nicole écrit le même message à Pascal et Sylvie. Réécrivez le message.

Bonjour Pascal et Sylvie,

Je vous ....

....

....

....

VOCABULAIRE

*Vocabulaire p. 54
et p. 85*

19. EN DÉPLACEMENT

Associez les éléments de chaque colonne.

Moyen de transport	Lieu	Titre de transport	Le voyage	Les personnes
Bus / Métro Avion / Train	Aéroport / Arrêt Gare / Station	Billet Ticket	Trajet Vol	Chauffeur Conducteur Pilote

1) Bus : .... ➜ .... ➜ .... ➜ ....

2) Métro : .... ➜ .... ➜ .... ➜ ....

3) Avion : .... ➜ .... ➜ .... ➜ ....

4) Train : .... ➜ .... ➜ .... ➜ ....

GRAMMAIRE

20. OBJECTIFS DIVERS

■ L'expression du but

Mémo

■ **Pour** *exprime
le but / l'objectif :*
Je prends un taxi
pour arriver à l'heure.
■ **Parce que** *exprime
la cause :* Je prends
un taxi **parce que**
je suis en retard.

Reliez les énoncés pour expliquer les objectifs. (Plusieurs réponses possibles.)

1) J'achète un billet •
2) Nous prenons un taxi •
3) J'envoie un mél •
4) Le directeur va à Munich •
5) Vous regardez le plan •
6) Tu téléphones •
7) Nous organisons une réunion •

• **a)** pour avoir des informations.
• **b)** pour trouver la station de métro.
• **c)** pour aller en Italie.
• **d)** pour rencontrer nos partenaires.
• **e)** pour arriver à 8 heures.
• **f)** pour inviter mes collègues.
• **g)** pour parler des problèmes.

COMPRENDRE

21. RÈGLES

Lisez le document et répondez aux questions posées sur le site Internet.

Pour être en règle :

➲ Compostez votre ticket. Les composteurs sont dans les bus, sur les quais des gares et dans les stations de métro.
➲ Conservez votre ticket jusqu'à l'arrivée. Il y a quelquefois des contrôles dans les stations.
➲ Vous pouvez utiliser un seul ticket pour un déplacement en train, puis en métro.
➲ Vous ne pouvez pas utiliser le même ticket au retour.
➲ Les cartes d'abonnement sont personnelles. Vous ne pouvez pas utiliser la carte d'une autre personne.
➲ Vous devez inscrire le numéro de votre carte orange sur votre ticket de carte orange.
➲ Les enfants de moins de 4 ans ne payent pas.
➲ Quand vous sortez de la station, vous devez composter un autre ticket pour reprendre le métro.

a) Où sont les composteurs ? ....

b) Est-ce qu'il y a des contrôles ? ....

c) Est-ce que je dois acheter un ticket pour ma fille de 3 ans ?..............

d) Est-ce que je peux utiliser la carte orange de mon mari ? ....

e) Qu'est-ce que je dois écrire sur mon ticket de carte orange ? ....

f) Si je sors 5 minutes de la station, est-ce que je dois prendre un nouveau ticket pour reprendre le métro ? ....

g) Est-ce qu'il y a des tickets train + métro ? ....

D   En bus avec Élanbus !

GRAMMAIRE

Outils ling. n° 6 p. 57

22. PROJETS D'ENTREPRISE

■ Le futur proche

Exprimez les projets de la compagnie aérienne avec le futur simple.

Cette année	L'année prochaine
Le nom de la compagnie change.	→ Le nom de la compagnie va changer.
1) La direction achète de nouveaux avions.	→ ....
2) Les hôtesses ont une nouvelle tenue.	→ ....
3) Notre compagnie fait des bénéfices.	→ ....
4) Nos lignes desservent 50 pays.	→ ....
5) Nous proposons de nouvelles destinations.	→ ....
6) Vous voyagez moins cher.	→ ....
7) Les vols sont directs.	→ ....
8) Vous pouvez acheter vos billets par Internet.	→ ....

GRAMMAIRE

Retenez p. 55

23. INTERVALLES DE TEMPS

■ Les prépositions

Exprimez les durées indiquées dans chaque annonce par la proposition appropriée.

**École de Langue Internationale
Cours de français
Lundi → vendredi**

1) ....

....

*Cours de Yoga
Inscriptions
Août → octobre*

2) ....

....

**Zoo de Vallandry
Fermeture du parc à 17 h
Octobre → avril**

3) ....

....

**Les Galeries de France
Heures d'ouverture du magasin
10 h → 19 h**

4) ....

....

**Festival de la chanson
En juillet
Lundi 20 → mercredi 22
13 h 30 → 23 h**

5) ....

....

24. ÉLANBUS.COM

Retrouvez la réponse correspondant à chaque question.

Elanbus.com

Toutes les réponses à vos questions

1) J'habite dans le quartier de la Sourderie et je voudrais savoir quels bus desservent mon quartier.
a) C'est 1 € 40.
2) À quelle heure passe le dernier bus le soir ?
b) Le centre ville et le quartier de la gare.
3) J'habite dans la rue Victor Hugo. Quel bus je dois prendre pour aller à la gare ?
c) C'est l'arrêt « Manet ».
4) Comment s'appelle l'arrêt à côté de la poste ?
d) Bien sûr. Les cartes sont valables.
5) Est-ce que les bus circulent le dimanche ?
e) Les lignes 418 et 421 circulent dans votre quartier.
6) Quel est le prix d'un ticket ?
f) Le bus 413 passe dans cette rue et va à la gare.
7) Je peux prendre le bus avec ma carte orange ?
g) Oui et il y a un bus à chaque heure.
8) Quels quartiers dessert la ligne 430 ?
h) Il part de la gare à 23 heures.

Questions	1	2	3	4	5	6	7	8
Réponses	e							

25. LE VOCABULAIRE DU VOYAGE

Complétez les mots avec _et_ / _é_ / _è_ ou _ai_.

1) guich......

2) bill......

3) derri......re

4) souh......ter

5) premi......r

6) hor......res

7) m......tro

8) arriv......e

9) ......der

10) d......part

11) r......servation

12) libr......rie

13) traj......

14) a......roport

15) itinér......re

Compréhension des écrits

EXERCICE 1

Lisez la lettre.

Cochez (☒) la bonne réponse.

1) Qu'est-ce que c'est ?
a) C'est une lettre amicale. ☐
b) C'est une lettre commerciale. ☐
c) On ne sait pas. ☐

2) C'est une lettre
a) pour inviter un client. ☐
b) pour remercier un client. ☐
c) pour fixer une date de réunion. ☐

3) Pour aller à la parfumerie,
a) il y a les coordonnées
   du responsable clientèle. ☐
b) il y a un métro. ☐
c) il y a un bus. ☐

4) L'inauguration est à
a) 18 h. ☐
b) 19 h. ☐
c) 20 h. ☐

5) Avec la lettre, il y a
a) un cadeau. ☐
b) un formulaire. ☐
c) un carton d'invitation. ☐

Situez la parfumerie sur le plan.

Parfumerie

Cher client,

À l'occasion de l'inauguration de notre nouvelle parfumerie dans le centre commercial Chevry 2, nous vous invitons à un cocktail

le vendredi 5 mai à 19 h

La parfumerie se trouve à gauche de l'entrée F en face de la pharmacie.

Un bus gratuit va desservir le centre commercial Chevry 2 et la station de métro RER B Gif-sur-Yvette de 18 h à 21 h.

À bientôt

G. KREINTZ
Responsable clientèle

PS : Merci de remplir le formulaire pour réserver votre cadeau de bienvenue et indiquer le nombre de personnes (invitation valable pour deux personnes).

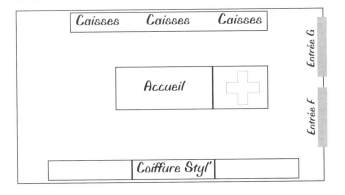

EXERCICE 2

Lisez le message téléphonique et répondez aux questions.

Message téléphonique ☎
- -
Destinataire : *M. Jean Francillon* Date : *10 / 05* Heure : *8 h 45*
De la part de : *M. Fabert*   Société : *Lalune*
Tél : *04 02 45 78 12*   Fax : *04 02 78 05 47*
Merci de rappeler ☒   Urgent ☒
Objet de l'appel : *Demande un rendez-vous demain matin pour préparer le stand au salon de la maroquinerie.*
Message reçu par : *Delphine*

1) Qui téléphone ? ....

2) La personne téléphone le soir :	☐ oui	☐ non
3) M. FABERT travaille chez Lalune :	☐ oui	☐ non
4) Le message est pour M. FABERT :	☐ oui	☐ non
5) M. FRANCILLON doit rappeler M. FABERT :	☐ oui	☐ non
6) M. FABERT demande un rendez-vous le 10 mai le matin :	☐ oui	☐ non
7) Delphine est standardiste chez Lalune :	☐ oui	☐ non

Production écrite

Vous finissez votre mission en France et vous devez rentrer dans votre pays.
Vous invitez des amis au restaurant pour fêter votre départ. Vous écrivez un mél d'invitation avec les coordonnées du restaurant, l'adresse, les moyens de transport pour aller au restaurant, la date et l'heure du rendez-vous. Vous écrirez un texte de 40 à 50 mots.

```
○○○                                          ✉
Envoyer maintenant  📧 📑 🔗 ▾ 🗑 📎 ✒ ▾ 🗒 Options ▾ 📊 🏛 Insérer ▾ 📋 Catégories ▾
         De : [                                                    ⬍]
          À : 👤
         Cc :
       Objet : [                                                          ]
abⁿ  [Police  ▾] [Taille  ▾] G  I  S  T  ≡ ≡ ≡ ≡  ⅓  ⇐ ⇒ ▐A▐ ▾ 🖌 ▾ —

..............................................................................................
..............................................................................................
..............................................................................................
..............................................................................................
..............................................................................................
```

Production orale : dialogue simulé

CONTENU DE L'ÉPREUVE

Vous allez simuler une situation d'achat ou de réservation. Vous êtes le client et l'examinateur est le vendeur. À partir des images que l'examinateur vous a données, vous vous informez sur le(s) produit(s) à acheter (quantité, prix...) et vous achetez ou réservez votre produit. L'épreuve dure environ deux minutes.

Lisez la situation et imaginez le dialogue. Jouez la scène à deux.
Vous téléphonez à la SNCF pour réserver un billet de train. Vous allez à Bruxelles les 25 et 26 mars. Vous partez le matin de Paris et vous revenez de Bruxelles le soir. Vous demandez les horaires de départ et d'arrivée et le prix du billet. Vous réservez deux allers-retours. Vous demandez des places, une côté fenêtre et une côté couloir. Vous donnez votre nom.

Gares de départ et d'arrivée	Horaires	Train(s)	Durée : 01 h 25
PARIS NORD	06 h 55	🚄 9409	
BRUXELLES MIDI	08 h 20	♿ ☕ ✗ ▭	
Gares de départ et d'arrivée	**Horaires**	**Train(s)**	**Durée : 01 h 25**
PARIS NORD	07 h 55	🚄 9313	
BRUXELLES MIDI	09 h 20	♿ ☕ ✗ ▭	
Gares de départ et d'arrivée	**Horaires**	**Train(s)**	**Durée : 01 h 25**
PARIS NORD	08 h 55	🚄 9317	
BRUXELLES MIDI	10 h 20	♿ ☕ ✗ ▭	
Gares de départ et d'arrivée	**Horaires**	**Train(s)**	**Durée : 01 h 25**
PARIS NORD	09 h 55	🚄 9321	
BRUXELLES MIDI	11 h 20	♿ ☕ ✗ ▭	
Gares de départ et d'arrivée	**Horaires**	**Train(s)**	**Durée : 01 h 25**
PARIS NORD	10 h 55	🚄 9425	
BRUXELLES MIDI	12 h 20	♿ ☕ ✗ ▭	
Gares de départ et d'arrivée	**Horaires**	**Train(s)**	**Durée : 01 h 25**
PARIS NORD	11 h 55	🚄 9329	
BRUXELLES MIDI	13 h 20	♿ ☕ ✗ ▭	
Gares de départ et d'arrivée	**Horaires**	**Train(s)**	**Durée : 01 h 25**
BRUXELLES	18 h 40	🚄 9452	
PARIS NORD	20 h 05	♿ ☕ ✗ ▭	
Gares de départ et d'arrivée	**Horaires**	**Train(s)**	**Durée : 01 h 25**
BRUXELLES	19 h 40	🚄 9356	
PARIS NORD	21 h 05	♿ ☕ ✗ ▭	
Gares de départ et d'arrivée	**Horaires**	**Train(s)**	**Durée : 01 h 25**
BRUXELLES	20 h 40	🚄 9460	
PARIS NORD	22 h 05	♿ ☕ ✗ ▭	
Gares de départ et d'arrivée	**Horaires**	**Train(s)**	**Durée : 01 h 25**
BRUXELLES	21 h 40	🚄 9364	
PARIS NORD	23 h 05	♿ ☕ ✗ ▭	

A | hotel.com

VOCABULAIRE

Retenez p. 63

1. MOTS CACHÉS

Retrouvez 10 mots d'un descriptif d'hôtel.

1) ....

2) ....

3) ....

4) ....

5) ....

6) ....

7) ....

8) ....

9) ....

10) ....

D	Z	S	A	C	C	U	E	I	L
E	O	I	T	H	H	V	T	R	A
C	T	M	X	E	A	S	O	N	T
O	A	P	I	Z	M	U	I	W	R
R	R	L	D	V	B	B	L	X	I
A	I	E	O	Q	R	L	E	U	P
T	F	K	U	Y	E	P	N	B	L
I	J	D	B	D	O	U	C	H	E
O	O	A	L	I	A	E	J	N	T
N	I	S	E	R	V	I	C	E	S

2. UN HÔTEL POUR VOUS !

GRAMMAIRE

Outils ling. n° 1 p. 70

■ L'accord des adjectifs

a) Complétez la publicité pour l'Auberge du Château.

L'hôtel Azur

grand
beau
agréable
exceptionnel
confortable
joli
accueillant
moderne

C'est un hôtel pour vous !

Auberge du Château

....

....

....

....

C'est une auberge pour vous !

b) Décrivez l'hôtel avec des phrases complètes. Faites attention à la place de l'adjectif !

Ex. : C'est un hôtel calme.

1) C'est ....

2) C'est ....

3) C'est ....

4) C'est ....

5) C'est ....

6) C'est ....

7) C'est ....

Mémo

■ *On utilise* **c'est** *à la place de* **il est** *pour faire une présentation.* C'est Joël, le technicien. C'est un hôtel.

GRAMMAIRE

Outils ling. n° 1 p. 70

3. PERSONNEL IRRÉPROCHABLE

■ L'accord des adjectifs

a) Entourez l'adjectif qui convient.

À l'hôtel-restaurant Neptune

1) La standardiste est beau / belle / beaux / belles.

2) Le groom est jeune / jeunes.

3) La directrice est intelligent / intelligente / intelligents / intelligentes.

4) Les femmes de chambres sont gentil / gentille / gentils / gentilles.

5) Les portiers sont sympathique / sympathiques.

6) Le réceptionniste est accueillant / accueillante / accueillants / accueillantes.

7) La comptable est joli / jolie / jolis / jolies.

8) Les serveuses sont souriant / souriante / souriants / souriantes.

9) Le maître d'hôtel est élégant / élégante / élégants / élégantes.

10) Le chef cuisinier est compétent / compétente / compétents / compétentes.

11) Le barman est agréable / agréables.

12) Alors, les clients sont content / contente / contents / contentes.

PHONIE-GRAPHIE

b) Classez les adjectifs.

Même prononciation au masculin et au féminin	Prononciation différente au masculin et au féminin
. . . .	. . . .
. . . .	. . . .
. . . .	. . . .
. . . .	. . . .
. . . .	. . . .

GRAMMAIRE

Outils ling. n° 1 p. 70

4. NOUVEAUTÉS

■ L'accord des adjectifs

Complétez les affichages avec la forme correcte : *nouveau / nouvel / nouvelle / nouveaux / nouvelles.*

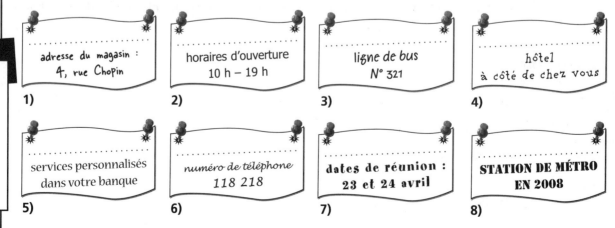

. . . . adresse du magasin :
4, rue Chopin

1)

horaires d'ouverture
10 h – 19 h

2)

ligne de bus
N° 321

3)

hôtel
à côté de chez vous

4)

. . . . services personnalisés
dans votre banque

5)

numéro de téléphone
118 218

6)

dates de réunion :
23 et 24 avril

7)

STATION DE MÉTRO
EN 2008

8)

5. LES PIEDS DANS L'EAU

Lisez le document et cochez la bonne réponse.

Saint-François   Guadeloupe

La Vallée d'or   Bungalows

À 3 minutes des plages, 5 bungalows climatisés
(2/4 personnes) dans un jardin tropical.
Chaque bungalow a un séjour avec un canapé-lit
(2 personnes), une grande chambre avec un lit double
et une salle de bains moderne.

Jolie piscine à disposition.
Service de petit déjeuner possible.

Commerces, restaurants et sports nautiques à proximité.

Parking privé   ➡ ➡ ➡ Tarifs : voir p. 112

1) C'est : a) ☐ une publicité.   b) ☐ une page d'un catalogue.   c) ☐ un document sur Internet.

2) Les bungalows sont : a) ☐ au bord de la mer.   b) ☐ à la montagne.   c) ☐ à la campagne.

3) Les bungalows sont pour : a) ☐ une famille de 5 personnes.
                             b) ☐ un célibataire.
                             c) ☐ 4 personnes maximum.

4) Les clients doivent sortir de la résidence, pour : a) ☐ faire des achats.
                                                      b) ☐ garer leur voiture.
                                                      c) ☐ prendre un petit déjeuner.

5) Pour avoir les prix, les clients doivent : a) ☐ aller sur Internet.
                                              b) ☐ téléphoner à une agence.
                                              c) ☐ lire un autre document.

6. C'EST NON STOP !

■ L'adjectif *tout*

a) Complétez avec *tout / toute / tous / toutes*.

1) L'hôtel est ouvert .... l'année.

2) Il y a de nouveaux groupes de touristes .... les semaines.

3) Les employés font le ménage .... les jours.

4) La réceptionniste travaille .... la journée.

5) Il y a un cours de gymnastique .... les matins.

6) L'accès à Internet est libre .... le temps.

7) Il y a des conférences .... les mardis.

8) Le soleil éclaire la salle de restaurant .... l'après-midi.

9) J'ai réservé une chambre pour .... la semaine.

Mémo

Tout / Tous

	Masculin	Féminin
Singulier	Tout	Toute
Pluriel	Tous	Toutes

→ *Avec des mots qui indiquent un moment (journée, mois, année, etc.) :*
• tout *et* toute *indiquent une durée ;*
• tous *et* toutes *indiquent une fréquence.*

b) Classez les expressions de l'exercice a) dans le tableau.

Durée	Fréquence
....	....
....	....
....	....
....	....
....	....

B Central hôtel, bonjour !

7. MISSION À NANTES

GRAMMAIRE

■ Les articles définis et indéfinis

a) Lisez le mél et soulignez les noms avec leurs articles (définis / indéfinis).

```
Envoyer maintenant        Options      Insérer      Catégories

De :    Marianne
À :     Adrien
Cc :
Objet : Réservations Nantes

Police    Taille    G  I  S  T

Bonjour Adrien,
Je m'occupe de nos réservations pour notre voyage à Nantes.
Je connais un hôtel dans le centre de la ville à côté d'une station
de tramway.
Les chambres sont confortables et l'hôtel propose un petit déjeuner
continental.
Il y a un jardin et un parking privé pour les clients.
Les employés sont sympathiques et le service est impeccable.
Est-ce que tu veux une chambre avec une connexion Internet ?
J'attends ta réponse pour téléphoner.
Bonne journée,
Marianne
```

b) Classez les noms avec leurs articles dans le tableau.

Marianne parle de quelque chose de précis ou d'unique.	Marianne indique une catégorie ou une quantité.
....	....
....	....
....	....
....	....
....	....

c) Mettez les articles dans la réponse d'Adrien.

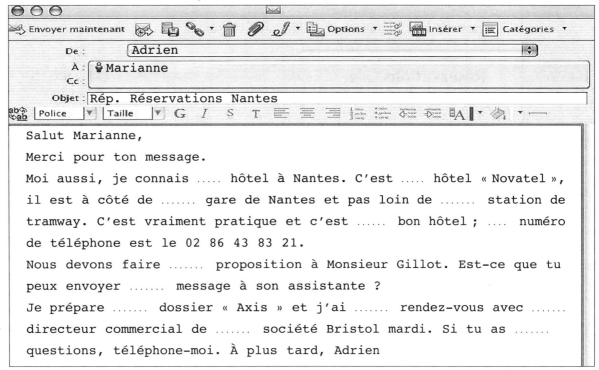

Salut Marianne,

Merci pour ton message.

Moi aussi, je connais ..... hôtel à Nantes. C'est ..... hôtel « Novatel »,
il est à côté de ...... gare de Nantes et pas loin de ...... station de
tramway. C'est vraiment pratique et c'est ...... bon hôtel ; .... numéro
de téléphone est le 02 86 43 83 21.

Nous devons faire ...... proposition à Monsieur Gillot. Est-ce que tu
peux envoyer ...... message à son assistante ?

Je prépare ...... dossier « Axis » et j'ai ...... rendez-vous avec ......
directeur commercial de ...... société Bristol mardi. Si tu as ......
questions, téléphone-moi. À plus tard, Adrien

COMPRENDRE

8. RÉSERVATION

Lisez le message et complétez la fiche.

Monsieur,

Nous souhaitons faire une réservation au nom
de la société G.R.A.

Voici les détails de la réservation :
2 chambres doubles avec douche pour 4 nuits,
pour 2 personnes.

Elles arrivent le 6 juin et repartent le 10 juin.

Nous souhaitons une connexion Internet dans
chaque chambre.

Voici les noms des personnes :
Madame Sophie Lancelot
Mademoiselle Géraldine Maire

Vous pouvez me contacter au 01 32 54 87 03
pour toute information.

Cordialement,

Édith Aurelle

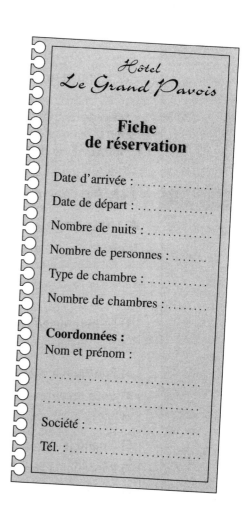

Hôtel
Le Grand Pavois

**Fiche
de réservation**

Date d'arrivée : ....

Date de départ : ....

Nombre de nuits : ....

Nombre de personnes : ....

Type de chambre : ....

Nombre de chambres : ....

Coordonnées :
Nom et prénom :

....

....

Société : ....

Tél. : ....

COMMUNIQUER

Retenez p. 64

9. JE VOUDRAIS UNE CHAMBRE

Lisez la fiche et complétez le dialogue au téléphone.

Réservations — Hôtel du Lac

Date d'arrivée : *13 avril* Date de départ : *16 avril*
Nombre de personnes : *1* Nombre de nuits : *3*
Type de chambre : *double avec salle de bains*
Coordonnées : Nom : *Pierron* Prénom : *Martin*
Société : / Tél. : *03 54 39 06 76* Mobile : *06 54 38 99 41* Fax : /

– Hôtel du Lac, bonjour !
– Bonjour madame, je voudrais réserver une chambre.
– Oui, pour combien de nuits ?
– ....
– Et vous arrivez quand ?
– ....
– Vous souhaitez quel type de chambre ?
– ....
– C'est pour combien de personnes ?
– ....
– C'est à quel nom ?
– ....
– Vous avez un numéro de téléphone ?
– ....
– Et un numéro de portable ?
– ....
– C'est noté, monsieur.
– Merci beaucoup, au revoir madame.
– Au revoir, monsieur.

GRAMMAIRE

Outil ling. n° 6 p. 71

10. INTERROGATIONS

■ L'interrogation de forme standard

Transformez les questions à la forme standard (avec *est-ce que*).

Forme familière	Forme standard
1) Le petit déjeuner est compris ?	....
2) À quelle heure vous servez le petit déjeuner ?	....
3) Pourquoi il n'y a pas d'eau chaude ?	....
4) Vous acceptez les animaux ?	....
5) Où je peux me connecter à Internet ?	....
6) Quand je dois rendre la chambre ?	....
7) Pourquoi la chambre n'est pas prête ?	....
8) Où je peux garer ma voiture ?	....

C | Je peux visiter

VOCABULAIRE

Retenez p. 66

11. NOUVELLE ADRESSE

Complétez la lettre avec les mots suivants : *appartement, ascenceur, chambres, cuisine, étage, fait, immeuble, loyer, pièces, proximité, quartier, salle de bains, séjour, vue.*

Chers Philippe et Anne,

Comment allez-vous ?

Nous, nous allons très bien et nous avons trouvé un **(1)** ....

Il est situé dans un **(2)** .... moderne avec un **(3)** ....

dans un **(4)** .... calme.

Il **(5)** .... 90 m² et il y a 4 **(6)** .... , un **(7)** ....

et 3 **(8)** .... Il y a une petite **(9)** .... équipée et une

grande **(10)** ....

Nous sommes au troisième **(11)** .... et nous avons une belle **(12)** ....

L'école des enfants est à **(13)** .... Il y a une station de métro à 200 mètres

et le **(14)** .... n'est pas très cher.

Nous sommes très contents et nous vous attendons.

Quand est-ce que vous venez ?

Grosses bises,

Marc, Hélène, Alice et Tom

VOCABULAIRE

Retenez p. 66

12. COMPTABILITÉ

Écrivez les sommes en chiffres ou en lettres.

1) Deux cent trente-cinq euros : .... 3) Quatre cents euros : ....

2) Cent quarante-quatre euros : .... 4) Mille vingt-quatre euros : ....

5) 759 € : ....

6) 393 € : ....

7) 676 € : ....

COMMUNIQUER

13. QUESTIONS UTILES

Associez les questions du client aux réponses de l'agent immobilier.

Les questions du client	Les réponses de l'agent immobilier
1) Quel est le loyer ?	a) Il est au sixième.
2) Est-ce que les charges sont comprises ?	b) Au mois de septembre.
3) À quel étage est l'appartement ?	c) Oui, elle fait 30 m².
4) Quelle est la surface ?	d) C'est 850 euros par mois.
5) Est-ce qu'il y a un ascenseur ?	e) 3 : un séjour et 2 chambres.
6) Quand est-ce que l'appartement est libre ?	f) Oui et l'équipement est très moderne.
7) La cuisine est-elle équipée ?	g) Le chauffage est au gaz.
8) Il y a combien de pièces ?	h) Oui, juste en face de l'appartement.
9) La chambre est grande ?	i) Non, 750 euros c'est le loyer hors-charge.
10) Comment est chauffé l'appartement ?	j) L'appartement est grand, il fait 110 m².

1	2	3	4	5	6	7	8	9	10
....	....	....	....	....	....	....	....	....	....

GRAMMAIRE

Outils ling. n° 7 p. 71

14. JE PEUX... ?

■ Les pronoms compléments

Complétez les énoncés avec les pronoms *le / l' / la* ou *les*.

1) L'appartement, je peux .... visiter ?

2) Les fiches, je peux .... compléter ?

3) Le dossier, je peux .... lire ?

4) Les clés, je peux .... prendre ?

5) Le message, je peux .... écouter ?

6) L'adresse, je peux .... demander ?

7) La carte, je peux .... utiliser ?

8) Le bureau, je peux .... ouvrir ?

 D | # Bureaux à louer

GRAMMAIRE

*Outils ling. n° 7 p. 71
et Retenez p. 69*

15. OPINIONS

■ Les pronoms compléments d'objet directs

Donnez votre opinion. Utilisez un pronom et l'adjectif proposé.

1) *Comment trouvez-vous l'appartement ? (spacieux)*
   Je le trouve spacieux.

2) Comment trouvez-vous la cuisine ? (fonctionnelle)

....

3) Comment trouvez-vous les chambres ? (agréables)

....

4) Comment trouvez-vous les papiers peints ? (jolis)

....

5) Comment trouvez-vous le salon ? (lumineux)

....

6) Comment trouvez-vous l'entrée ? (petite)

....

7) Comment trouvez-vous le parquet ? (magnifique)

....

GRAMMAIRE

Outils ling. n° 7 p. 71

16. PAS DE PROBLÈME !

a) Répondez aux directives. Utilisez un pronom complément.

1) Vous changez le papier peint !

D'accord, je ....

2) Vous aménagez les bureaux !

D'accord, je ....

3) Vous décorez la salle de réunion !

D'accord, je ....

4) Vous contactez le propriétaire !

D'accord, je ....

5) Vous appelez les anciens locataires !

D'accord, je ....

6) Vous payez la caution !

D'accord, je ....

7) Vous signez le bail !

D'accord, je ....

b) Vous n'êtes pas d'accord. Répondez négativement aux directives. Utilisez un pronom complément.

1) Vous changez le papier peint !

Ah non ! Je . . . .

2) Vous aménagez les bureaux !

Ah non ! Je . . . .

3) Vous décorez la salle de réunion !

Ah non ! Je . . . .

4) Vous contactez le propriétaire !

Ah non ! Je . . . .

5) Vous appelez les anciens locataires !

Ah non ! Je . . . .

6) Vous payez la caution !

Ah non ! Je . . . .

7) Vous signez le bail !

Ah non ! Je . . . .

VOCABULAIRE

Repères culturels p. 73

Mémo

■ *Au présent, le pronom se place toujours avant le verbe. Forme affirmative : Je le fais. Forme négative : Je ne le fais pas.*

17. LE MOT PRÉCIS

Associez les définitions aux mots.

1) Vous la payez avant de louer l'appartement.
2) Vous le payez à la fin de chaque mois.
3) C'est la personne qui paye pour habiter dans l'appartement.
4) C'est la personne qui a un appartement.
5) C'est un contrat.
6) Vous le donner quand vous allez quitter l'appartement.
7) Elle propose des appartements à louer.

a) le préavis
b) l'agence immobilière
c) la caution
d) le bail
e) le loyer
f) le / la propriétaire
g) le / la locataire

1	2	3	4	5	6	7
....	....	....	....	....	....	....

COMPRENDRE

Repères culturels p. 73

18. LETTRE RECOMMANDÉE

a) Complétez la lettre avec les informations suivantes, puis numérotez les paragraphes dans le bon ordre.

(expéditeur)
Grégoire Beauchef
54 bd de la reine
78000 Versailles

(destinataire)
Madame Charme
34 avenue Théophile Gautier
75008 Paris

Paris, le 13 avril 2006

Madame,

Je souhaite déménager le 23 juillet et vous propose de faire l'état des lieux le 25 juillet.　N° . . . .

Dans l'attente d'une réponse de votre part, je vous prie d'agréer, Madame, mes salutations distinguées.　N° . . . .

Comme suite à notre conversation téléphonique, je vous confirme mon intention de quitter l'appartement.　N° . . . .

M. Beauchef

b) Répondez aux questions. Dites si c'est vrai, faux ou on ne sait pas.

1) C'est une lettre amicale.
☐ Vrai ☐ Faux ☐ On ne sait pas.

2) Cette lettre est un préavis.
☐ Vrai ☐ Faux ☐ On ne sait pas.

3) Madame Charme travaille pour une agence immobilière.
☐ Vrai ☐ Faux ☐ On ne sait pas.

4) M. Beauchef est propriétaire de l'appartement où il habite.
☐ Vrai ☐ Faux ☐ On ne sait pas.

5) M. Beauchef a déjà téléphoné à Madame Charme.
☐ Vrai ☐ Faux ☐ On ne sait pas.

6) M. Beauchef va quitter Paris.
☐ Vrai ☐ Faux ☐ On ne sait pas.

7) M. Beauchef propose à Madame Charme de venir à l'appartement le 25 juillet.
☐ Vrai ☐ Faux ☐ On ne sait pas.

COMPRENDRE

Outils ling. nᵒˢ 2, 3 et 5 pp. 70-71

19. JOURNAL D'ENTREPRISE

Classez les événements dans le tableau et soulignez les indicateurs de temps.

1) La semaine prochaine, la société va ouvrir un nouveau magasin.

2) Le PDG est revenu de Genève hier soir.

3) Le service marketing a déménagé la semaine dernière.

4) Mme Champion va prendre sa retraite le mois prochain.

5) Les ventes ont augmenté le mois dernier.

6) L'ANNÉE PROCHAINE, LES INGÉNIEURS VONT PROPOSER UN NOUVEAU CONCEPT.

7) *Les commerciaux sont partis en Asie, lundi dernier.*

8) La direction a choisi un nouveau logo cette semaine.

9) Nos partenaires suédois sont arrivés mardi.

Événements passés	Événements futurs

GRAMMAIRE

Outils ling. nºs 2 et 3 p. 70

Mémo

■ *Avec le verbe* **être** *vous devez* **accorder** *le participe passé :*
Sujet masculin = participe passé au masculin.
Sujet féminin = participe passé au féminin.
Si le sujet est pluriel, vous devez ajouter un S au participe passé.

20. ÉVÉNEMENTS PASSÉS

■ Le passé composé

Mettez les verbes des textos au passé composé.

VALÉRIE 18 H 02	JÉRÉMIE 22 H 36	ANNA 14 H 23	SANDRA 8 H 57	PASCAL 22 H 37	GÉRARD 16 H 15
Tu (trouver) un appartement ? Valérie	Je (visiter) un studio ce matin. Jérémie	Paul (réserver) 2 chambres pour nos vacances. Anna	Mon directeur (partir) !!! Sandra	Vous (changer) d'adresse ? Pascal	M. Villepin (venir) hier. Nicolas
OPTION RETOUR	OPTION RETOUR	OPTION RETOUR	OPTION RETOUR	OPTION RETOUR	OPTION RETOUR

1) .... 2) .... 3) .... 4) .... 5) .... 6) ....

JOËL/CLAUDIE 18 H 02	CHRISTOPHE 22 H 36	GAËLLE 14 H 23	DANIEL 8 H 57	ALINE 22 H 37	JEAN 16 H 15
Nous (aller) en Allemagne Joël et Claudie	Je (choisir) un hôtel en centre ville Christophe	Est-ce que les collègues chinois (arriver) ? Gaëlle	Hello Barbara ! Tu (sortir) hier soir ? Daniel	Tu (finir) ta réunion ? Aline	Madame Brice (passer) au bureau ce matin. Jean
OPTION RETOUR	OPTION RETOUR	OPTION RETOUR	OPTION RETOUR	OPTION RETOUR	OPTION RETOUR

7) .... 8) .... 9) .... 10) .... 11) .... 12) ....

COMMUNIQUER

Outils ling. nºs 2, 3 p. 70

Mémo

■ *Le passé composé à la forme négative.*
Je **n'ai pas** *choisi d'hôtel.*
ne + avoir / être + pas + participe passé.

21. MISSION ORGANISÉE

■ Le passé composé aux formes affirmative et négative

Lisez le mémo et faites des phrases pour dire ce que vous avez fait et ce que vous n'avez pas fait avant de partir en Russie.

1) Demander un visa. 👍
2) Faire ma valise. 👎
3) Aller à l'ambassade de Russie. 👍
4) Préparer les dossiers. 👎
5) Envoyer des méls à mon collègue russe. 👍

6) Prendre mon billet d'avion. 👍
7) Étudier le programme des réunions. 👎
8) Choisir un hôtel. 👍
9) Téléphoner à ma banque. 👍
10) Finir mon travail au bureau. 👎

Ce que j'ai fait 👍	Ce que je n'ai pas fait 👎
J'ai demandé un visa.	....
....	....
....	....
....	....
....	....

PHONIE-GRAPHIE

22. HÉBERGEMENT

Rajoutez l'accent aigu sur les e (é) si nécessaire.

1) J'ai telephone et j'ai reserve une chambre.

L'employe m'a demande mes coordonnees.

Je trouve que la chambre est jolie, avec une decoration agreable et il y a la television et le telephone.

2) Je cherche un appartement.

J'ai visite un deux pièces meuble à proximite du metro. Il a une cuisine equipee et une petite entree. J'ai parlé avec le proprietaire et il m'a propose un loyer interessant.

55

A | Vous avez une réservation ?

COMPRENDRE

Retenez p. 77

1. ÉCHANGES

Qui parle ? Cochez la bonne réponse.

	Un client	Un serveur
1) Vous désirez un café ?	☐	☐
2) Et pour vous, madame ?	☐	☐
3) Et une salade de fruits pour moi.	☐	☐
4) Deux couverts ?	☐	☐
5) Nous avons une réservation.	☐	☐
6) Non merci, je ne prends pas de dessert.	☐	☐
7) Une bouteille d'eau, s'il vous plaît.	☐	☐
8) C'est servi avec quoi ?	☐	☐
9) Et comme entrée ?	☐	☐
10) Je vais prendre une salade de tomates.	☐	☐
11) Est-ce que cette table vous convient ?	☐	☐
12) Une mousse au chocolat pour moi.	☐	☐
13) Combien je vous dois ?	☐	☐

COMPRENDRE

Retenez p. 77 et p. 81 « Tableau des calories »

2. MENU À LA CARTE

a) Quelle est la composition ? Cochez la (les) bonne(s) colonne(s).

	Viande	Poisson	Légumes	Fruits
1) Une assiette de crudités				
2) Un thon grillé, riz à l'espagnole				
3) Une pêche Melba				
4) Steak, gratin de choux-fleur				
5) Un bœuf aux carottes				
6) Des bananes flambées au rhum				
7) Une tarte aux pommes				
8) Un cocktail de crevettes à l'orange				
9) Une fricassée de poulet aux poivrons rouges et au piment				

VOCABULAIRE

b) Complétez le menu du restaurant
Le Bistroquet **avec les entrées,**
les plats et les desserts
de l'activité a).

Le Bistroquet

Menu 13,50 € au choix
(une entrée + un plat *ou* un plat + un dessert)

ENTRÉES

....
OU
....

PLATS

....
OU
....
OU
....
OU
....

DESSERTS

....
OU
....
OU
....

Mémo

■ *Pour indiquer l'ingrédient principal*
d'un plat :
une salade **de** fruits
une assiette **de** crudités
■ *Pour indiquer un ingrédient important,*
le parfum ou une façon de préparer :
un melon **au** porto
un sorbet **à la** fraise
une dorade **à l'**espagnole
une tarte **aux** pommes

COMPRENDRE

Outils ling. n° 1 p. 85

3. TOUT À EMPORTER

Lisez la carte « Pizzas et salades à emporter ».

PIZZAS ET SALADES À EMPORTER

Les pizzas

	1 personne	2 personnes	4 personnes
	5,60 €	11 €	15 €

Végétarienne : Tomates, fromage, thon, poivrons, champignons, artichauts, olives
Exotique : Tomates, fromage, jambon, ananas
Rimini : Crème fraîche, poulet, pommes de terre, oignons
Pacifique : Crème fraîche, saumon, crevettes, citron

Les salades

5,50 €

Salade du chef : Salade verte, tomates, haricots verts, maïs, citron, huile d'olive
Norvégienne : Salade verte, saumon fumé, avocat, olives, crème fraîche
Royale : Salade verte, tomates, chèvre, croûtons de pain, vinaigre et huile d'olive

Livraison gratuite et rapide au bureau et à domicile
Ouvert 7/7 – de 10 h 30 à 14 h 30 et de 18 h à 22 h 30 – fermé le dimanche midi

01 69 14 69 78

a) Cochez la bonne réponse.

1) Il y a plusieurs tailles de pizzas. ☐ Vrai ☐ Faux

2) Toutes les salades ont des prix différents. ☐ Vrai ☐ Faux

3) Vous pouvez faire livrer une salade au travail. ☐ Vrai ☐ Faux

4) Vous pouvez commander une pizza pour le déjeuner du dimanche. ☐ Vrai ☐ Faux

5) Vous pouvez passer une commande entre 14 h 30 et 18 h 30. ☐ Vrai ☐ Faux

GRAMMAIRE

■ Pour indiquer une quantité non précisée : les articles partitifs

b) Lisez la carte. Pour expliquer la composition des pizzas et des salades à un client, notez les ingrédients.

1) Dans la pizza végétarienne, il y a de la tomate, ...
....

2) Dans la pizza exotique, il y a ....
....

3) Dans la pizza Rimini, il y a ....
....

4) Dans la pizza Pacifique, il y a ....
....

5) Dans la salade du chef, il y a ....
....

6) Dans la salade norvégienne, il y a ....
....

7) Dans la salade royale, il y a ....
....

GRAMMAIRE

Outils ling. n° 1 p. 84

4. RECETTE DE CRÊPES

■ Pour indiquer une quantité précise

Complétez la recette des crêpes au rhum avec les quantités : *grammes, litre, 4, verre, une pincée*.

Mémo

■ On met
toujours
de ou d'
après une
quantité.

Pour 4 personnes

250 .... farine   .... œufs
3/4 de .... lait
1/4 de .... rhum
40 .... beurre   .... sel

Mélanger la farine, les œufs, le beurre, le lait et le rhum dans un saladier.

Verser un peu de cette pâte dans une poêle et retourner la crêpe pour la cuire de l'autre côté.

Manger très chaud.

GRAMMAIRE

Outils ling. n° 1 p. 84

5. LISTE DE COURSES

■ Pour indiquer une quantité précise

a) Complétez avec *du, de la, de l', des* comme dans l'exemple.

b) Associez à chaque produit son emballage.

Des chocolats → une boîte **de** chocolats

1) . . . . yaourt → . . . .

2) . . . . fleurs → . . . .

3) . . . . parfum → . . . .

4) . . . . haricots verts → . . . .

5) . . . . eau gazeuse → . . . .

6) . . . . bière → . . . .

7) . . . . radis → . . . .

8) . . . . dentifrice → . . . .

9) . . . . riz → . . . .

a) un flacon **b)** un tube **c)** une canette **d)** une bouteille **e)** un paquet **f)** une botte **g)** une boîte **h)** un pot **g)** un bouquet

GRAMMAIRE

Outils ling. n° 1 p. 84

6. VOTRE RÉGIME

■ Pour indiquer une quantité non précisée

Complétez le tableau.

Pour maigrir	Je mange	Je ne mange pas	Je bois	Je ne bois pas
	des fruits	. . . .	. . . .	. . . .
	. . . .	. . . .	. . . .	. . . .
	. . . .	. . . .	. . . .	. . . .
	. . . .	. . . .		
	. . . .	. . . .		

eau

soda

bière

chocolat

tarte

légumes

pain

beurre

croissant

fruits

jus d'orange

poisson

Mémo

■ Je mange **de la** viande, **du** raisin et **des** haricots verts et je bois **de l'eau** *mais* J'aime / je n'aime pas **la** viande, **le** chou-fleur, **l'**ail et **les** haricots verts.

GRAMMAIRE

Outils ling. n° 8 p. 85

7. DES QUESTIONS À GOGO

■ Pour demander une explication

Complétez le tableau.

Forme formelle	Forme standard	Forme familière
1)		Vous prenez quoi comme dessert ?
2) Que désirez-vous ?		
3)	Qu'est-ce que tu bois ?	
4)	Qu'est-ce que vous aimez comme gâteau ?	
5) Que faites-vous comme travail ?		
6)	Qu'est-ce que tu dis ?	
7)		Vous choisissez quoi comme restaurant ?
8)	Qu'est-ce que vous proposez comme régime ?	
9)		Vous attendez quoi ?
10) Que demandez-vous ?		
11)		Nous achetons quoi pour dîner ?
12) Qu'écoutez-vous comme radio ?		

B | C'est inacceptable !

COMMUNIQUER

Retenez p. 80

8. TOUT VA MAL

a) Reconstituez les phrases. N'oubliez pas la ponctuation.

a) non, dois, combien, je, merci, vous → ....

b) service, c'est, exaspérant, trop, est, long, le → ....

c) arrive, oui, j', monsieur → ....

d) attends, plat, j', mon → ....

e) il y a, suis, beaucoup de, mais, désolé, clients, je → ....

f) voir, le, vais, je, chef, je, avec → ....

g) prenez, un, dessert, vous → ....

h) plaît, s'il, garçon, vous → ....

b) Reconstituez le dialogue entre le serveur et le client. Mettez les phrases dans l'ordre.

1	2	3	4	5	6	7	8
h							

GRAMMAIRE

Outils ling. n° 2 p. 84

9. UN CLIENT MÉCONTENT

■ Pour exprimer l'intensité

Complétez avec *trop / trop de (d')* ou *assez / assez de (d')* comme dans l'exemple.

Ex. : – Le restaurant est trop bruyant (trop – bruit).
– Vous avez raison, il y a trop de bruit.

1) Le gâteau est trop sucré. (trop – sucre)

C'est vrai, il y a .... dans le gâteau.

2) Le menu coûte 29 €. (assez – cher)

C'est ....

3) Le restaurant n'a pas beaucoup de couverts. (assez – tables)

Oui, le restaurant n'a pas ....

4) Il fait très froid ici. (trop – air conditionné)

Il y a ....

5) Le steak est dur (trop – cuit) !

Je suis désolé, le steak est ....

6) Je ne trouve pas ma taille. (assez – modèles)

Nous n'avons plus ....

7) La veste ne me va pas. (trop – grande)

C'est vrai, elle est ....

8) Ce plat est très épicé. (trop – épices)

C'est exact. Le chef a mis .... dans ce plat.

Mémo

■ Le restaurant n'a pas **assez de** clients.
Le menu est **assez** bon.

GRAMMAIRE

Outils ling. n° 3 p. 84

10. EXCLAMATIONS !

Pour décrire un lieu, un objet, un plat, une situation : *c'est / ce n'est pas* + adjectif
Que dites vous ? Faites correspondre.

1) La vue est très belle.   •   • **a)** C'est inaccessible !

2) Le gâteau est très bon.   •   • **b)** C'est splendide !

3) Les prix sont bas.   •   • **c)** C'est inadmissible !

4) La ratatouille est trop salée.   •   • **d)** C'est calme !

5) Le serveur n'est pas poli avec les clients.   •   • **e)** Ce n'est pas bon !

6) L'ingénieur a une excellente idée.   •   • **f)** C'est pratique !

7) La cuisine est fonctionnelle.   •   • **g)** C'est génial !

8) L'hôtel est situé dans la forêt.   •   • **h)** Ce n'est pas cher !

9) Le restaurant est très mal desservi par les transports. •   • **i)** C'est délicieux !

C Habitudes alimentaires

COMMUNIQUER

Retenez p. 81

11. FAITES-VOUS CONFIANCE AUX GUIDES GASTRONOMIQUES ?

a) Complétez avec les expressions : *après, pour finir, d'abord, ensuite.*

Faites-vous confiance aux guides gastronomiques ?
Quand je cherche un restaurant gastronomique pour un grand événement, un anniversaire, par exemple ou un repas d'affaires, ... je lis les guides. C'est indispensable quand on veut choisir une bonne table, ... je demande des conseils à mes amis ou à mes collègues. .... je vais voir le restaurant et je discute du menu. .... je réserve la table.

COMMUNIQUER

b) Vous participez au forum : « Faites-vous confiance aux guides touristiques pour choisir un restaurant ? »

Répondez et utilisez les mots suivants :
Chercher – bon restaurant
Guide – utile / pas utile
Informations – décor – qualité – accueil – prix
Lire – journaux spécialisés
consulter – Internet

Forum : Faites-vous confiance aux guides touristiques pour choisir un restaurant ?

....
....
....
....
....

GRAMMAIRE

Outils ling. n° 6 p. 85

12. BUVONS CACHÉS !

■ **Le verbe *boire***

Retrouvez la conjugaison du verbe *boire*.

M	N	U	B	O	I	V	E	N	T
A	J	B	U	V	E	Z	V	X	P
O	I	R	V	E	N	T	I	T	S
H	K	B	O	S	E	N	T	O	I
J	U	I	N	E	S	P	V	I	R
B	O	I	S	E	N	T	B	U	V
J	Y	Z	P	R	B	O	I	S	O
G	B	O	I	T	L	H	R	E	N
A	V	O	I	T	B	U	V	O	I

D — Et avec ceci ?

COMMUNIQUER

Retenez p. 83

13. PULL EN SOLDE

Remettez le dialogue dans le bon ordre.

a) Quelle est votre taille,
b) Ah, il est parfait. Il coûte combien ?
c) XL, extra large.
d) Je préfère celui-ci. Je peux essayer ?
e) 35 €. Il est en solde. Vous désirez autre chose ?
f) Bonjour, Monsieur. Je peux vous aider ?

g) J'ai deux modèles, un gris et un noir. Lequel préférez-vous ?
h) Oui, bien sûr. C'est un modèle très classique.
i) Non, merci. Ce sera tout.
j) Oui, je cherche un pull.

1	2	3	4	5	6	7	8	9	10

VOCABULAIRE

Vocabulaire p. 82

14. L'INTRUS

Barrez l'intrus.

1) Boîte, réfléchir, cadeau, offrir, paquet.

2) Veste, essayer, noir, taille, addition, pointure, chausser.

3) Goûter, délicieux, épice, thé, foulard, assortiment, lait.

GRAMMAIRE

Outils ling. n° 4 p. 84

15. CADEAU D'ADIEU

■ Les adjectifs démonstratifs

Complétez avec *ce*, *cet*, *cette* ou *ces*.

1) – Qu'est-ce qu'on achète pour le départ en retraite du directeur ? Il part .... semaine.

2) – On peut prendre .... lampe ou .... attaché-case.

3) – Et .... montre ? Elle est très élégante.

4) – On peut aussi choisir .... écharpe ou .... coffrets de disques. Il aime beaucoup .... genre de musique.

5) – Ce n'est pas génial ! Et .... livre ? Notre directeur aime bien .... écrivain.

6) – Ce n'est pas très original ! Et .... ordinateur.

7) – C'est beaucoup trop cher. Alors pourquoi pas .... agenda électronique ?

8) – C'est une excellente idée !

GRAMMAIRE

Outils ling. n° 4 p. 84 et n° 5 p. 85

16. QUESTIONS DE CHOIX

■ Les pronoms interrogatifs et démonstratifs

Complétez comme dans l'exemple.

Ex. : Je voudrais essayer ce pull.   → *Lequel ?*   *Celui-ci ou celui-là ?*

1) Comment marche cette télévision ? → .... ?   .... ?

2) Combien coûte ce caméscope ?   → .... ?   .... ?

3) Je vais prendre ces gâteaux.   → .... ?   .... ?

4) J'aime mieux cette veste. ➜ .... ? .... ?

5) Je préfère ces boîtes. ➜ .... ? .... ?

6) Je choisis cet assortiment. ➜ .... ? .... ?

GRAMMAIRE

Outils ling. n° 7 p. 85

17. ENQUÊTE DE SATISFACTION

■ Les comparatifs

Lisez le sondage, cochez la bonne réponse et trouvez la règle de grammaire. Complétez le tableau.

Sondage auprès du personnel

Pouvez-vous répondre à cette enquête ? Cochez la réponse choisie.

1) La cantine est
❏ plus chère
❏ aussi chère   que la cafétéria.
❏ moins chère

2) La carte offre
❏ plus de plats
❏ autant de plats   qu'à la cafétéria.
❏ moins de plats

3) À la cantine, vous attendez
❏ plus
❏ autant   qu'à la cafétéria.
❏ moins

4) À la cantine, la cuisine est
❏ meilleure
❏ aussi bonne   qu'à la cafétéria.
❏ moins bonne

+ ➜ ....
= ➜ .... } + adjectif + que
– ➜ ....

+ ➜ ....
= ➜ .... } + nom + que
– ➜ ....

+ ➜ ....
= ➜ .... } + que
– ➜ ....

Mémo

■ On ne dit pas « plus bon » ➜ *On dit* ....

GRAMMAIRE

Outils ling. n° 7 p. 85

18. CRITIQUES GASTRONOMIQUES

Lisez les avis d'un critique gastronomique.

Restaurant « Chez Tong »

Vue sur jardin   Bon accueil
Grande salle   Décoration moderne
45 couverts   Personnel agréable
Service lent   3 plats au choix

Menu 20 €

Restaurant « Bellevue »

Vue magnifique sur la montagne
Mauvais accueil   Petite salle
Décoration moderne   20 couverts
Personnel désagréable
Service rapide   10 plats au choix
Menu 29 €

Complétez les phrases.

1) Au restaurant « Chez Tong », la vue est .... belle qu'au restaurant « Bellevue ».

2) Au restaurant « Chez Tong », l'accueil est .... qu'au restaurant « Bellevue ».

3) Au restaurant « Chez Tong », la salle est .... grande qu'au restaurant « Bellevue ».

4) Au restaurant « Chez Tong », la décoration est .... moderne qu'au restaurant « Bellevue ».

5) Au restaurant « Chez Tong », il y a .... couverts qu'au restaurant « Bellevue ».

6) Au restaurant « Chez Tong », le personnel est .... agréable qu'au restaurant « Bellevue ».

7) Au restaurant « Chez Tong », le service est .... rapide qu'au restaurant « Bellevue ».

8) Au restaurant « Chez Tong », il y a .... plats qu'au restaurant « Bellevue ».

9) Au restaurant « Chez Tong », le menu est .... cher qu'au restaurant « Bellevue ».

PHONIE-GRAPHIE

19. LE SON « EU »

Complétez les mots avec e / *eu* ou *œu* et lisez les phrases.

1) J..... voudrais un p..... de b.....f.

2) J....... cherche une j......ne vend.....se.

3) Tu v.......x du b.......rre ?

4) L.... serv......r p......t prendre la commande.

5) Il déj......ne à la cantine.

6) Le direct......r ne mange jamais d'......fs.

7) Quelle coul.......r voulez-vous ?

8) Il est d......x heures et d.......mi.

Mémo

■ *Le son « eu » peut s'écrire e / eu ou œu. Le f d'œuf ou de bœuf se prononce au singulier, mais pas au pluriel.*

Compréhension des écrits

EXERCICE 1

Vous voulez louer une maison avec des amis pour passer des vacances au bord de la mer en France. Vous êtes quatre adultes et deux enfants et vous voulez rester deux semaines en août. Lisez les annonces, puis répondez aux questions.

> **...Annonces...**
>
> | | |
> |---|---|
> | **Biarritz**
Studio tt confort 4/5 pers.
Cuisine équipée / Parking privé
Face à la mer
Juillet et août
390 € juil / 420 € août / sem.
Tél : 06 12 65 78 98 | **Cannes**
Loue app. 2 pièces
1 lit 2 pers + canapé lit 2 pers.
proximité mer
de mai à octobre
550 € semaine
Tél : 08 45 87 12 98 |
> | **La Clusaz**
4 chambres d'hôtes
Vue splendide sur les montagnes
Pistes de ski / tennis / piscine à proximité
70 € / nuit
Tél : 06 12 45 78 12 | **Le Pyla-sur-Mer**
Loue de juin à septembre
maison 6 pers. / jardin / garage
300 m plage
500 €/ semaine
950 € / semaine 15 juil. au 31 août
Tél : 05 45 87 98 12 |

1) À quel numéro téléphonez-vous ? ....

2) Quel est le prix de la location ? ....

3) Est-ce qu'il y a une place pour garer votre voiture ? ....

EXERCICE 2

Lisez le document et cochez (☒) la bonne réponse.

EL RANCHO

Un lieu unique à Lille ! Un nouveau restaurant en plein centre-ville.
Le soleil de l'Amérique latine dans le nord de la France !
Décor original   Ambiance chaleureuse
Accueil agréable   Cuisine épicée

Menu 10 € (le midi), 13 € et 18 €
Ouvert tous les jours de 11 h à 2 h du matin sauf lundi.

1) Vous pouvez trouver ce document dans
a) un guide gastronomique. ☐
b) un livre de recettes de cuisine. ☐
c) une rubrique immobilière. ☐

2) Ce lieu se trouve
a) à côté de Lille. ☐
b) dans la ville de Lille. ☐
c) loin de Lille. ☐

3) Dans ce lieu, vous pouvez
a) dîner pour 10 €. ☐
b) déjeuner le lundi pour 10 €. ☐
c) dîner à minuit. ☐

4) L'opinion donnée est
a) très bonne. ☐
b) assez bonne. ☐
c) très mauvaise. ☐

Production écrite

EXERCICE 1

Vous êtes en mission au Maroc et votre entreprise a réservé une chambre pour vous à l'hôtel Kenza. Vous partez de l'hôtel et vous remplissez la fiche de satisfaction.
– L'accueil est personnalisé et charmant.
– La chambre est très confortable, mais le ménage est mal fait.
– Au restaurant, les plats arrivent froids, mais les serveurs sont agréables.
– L'hôtel est bruyant parce qu'il est situé sur un boulevard.

Hôtel Kenza ★★★ – Casablanca

Cher Client,
Pour mieux vous servir, nous vous remercions de nous donner votre opinion sur notre hôtel.
• Avez-vous réservé votre chambre par :
l'hôtel directement ? ☐   une agence de voyages ? ☐   votre société ? ☐
• Quel est le but de votre voyage ?
            Affaires ☐   Tourisme ☐   Autre ☐

	☺	☺	☹		☺	☺	☹
• Accueil et réception	☐	☐	☐	• Situation de l'hôtel	☐	☐	☐
• Votre chambre :				• Restaurant :			
– confort	☐	☐	☐	– service	☐	☐	☐
– propreté	☐	☐	☐	– repas	☐	☐	☐

EXERCICE 2

Vous avez passé des vacances en France dans un hôtel. Vous écrivez un courriel à un(e) ami(e) francophone pour recommander cet hôtel. Vous décrivez l'hôtel, sa situation, ses prestations et vous dites comment vous l'avez trouvé. Vous donnez votre opinion. Vous décrivez quelles activités sportives et culturelles vous avez faites.
Écrivez un courriel de 40 à 50 mots.

Production orale : échange d'informations

CONTENU DE L'ÉPREUVE

Aidez-vous des mots sur les cartes pour poser des questions à l'examinateur. L'épreuve dure environ deux minutes.

Vous recherchez un hôtel en France pour passer des vacances. Vous allez dans une agence de voyages. Vous posez des questions à partir des thèmes proposés sur les cartes.

Hôtel ?   Prestations ?   Activités sportives ?

Restaurant ?   Situation ?   Chambre ?   Confort ?

Prix ?   Internet ?   Activités culturelles ?   Transport ?

A | Société recrute...

1. MISSIONS DEMANDÉES

a) Associez les expressions.

1) Accueillir	**a)** les ventes
2) Développer	**b)** des commandes
3) Négocier	**c)** les visiteurs
4) Organiser	**d)** des rapports
5) Suivre	**e)** du personnel
6) Recruter	**f)** des contrats de vente
7) Rédiger	**g)** des actions promotionnelles

1	
2	
3	
4	
5	
6	
7	

b) Associez les expressions des qualités recherchées.

1) Un bon sens	**a)** des outils informatiques
2) Des talents	**b)** du contact
3) La maîtrise	**c)** de négociateur

1	
2	
3	

2. DES NOMS POUR LE DIRE

■ Pour nommer l'action : la nominalisation

Lisez l'annonce et rédigez la même annonce avec des noms d'action.

PME de 110 salariés

Spécialisée dans les vêtements de sport
Recherche
Chef des ventes

rattaché au Directeur commercial, vous devez :

• recruter, former et évaluer une équipe de commerciaux

• prospecter la clientèle et développer les ventes

• négocier les contrats

• visiter les magasins

• organiser et animer des actions promotionnelles

• rédiger les rapports de visite

• voyager à l'étranger et participer à des salons

• connaître deux langues étrangères

• maîtriser les outils informatiques

Vous avez 5 ans d'expérience dans une fonction similaire.

Adresser dossier de candidature à
E-mail : bnox@wanadoo.fr

PME de 110 salariés

Spécialisée dans les équipements de sport
Recherche
Chef des ventes

rattaché au directeur commercial
Votre mission :

• *recrutement, ... ,
. . . . d'une équipe de commerciaux

• . . . . de la clientèle
et . . . . des ventes

• . . . . des contrats

• . . . . des magasins

• . . . . et . . . . des
actions promotionnelles

• . . . . des rapports de visite

• . . . . à l'étranger et . . . .
à des salons

• . . . . de deux langues étrangères

• . . . . des outils informatiques

Vous avez 5 ans d'expérience dans une fonction similaire.

Adresser dossier de candidature à
E-mail : bnox@wanadoo.fr

COMMUNIQUER

Retenez p. 91

3. Un poste à prendre

Lisez l'annonce ci-contre.

Un ami francophone cherche du travail et son profil correspond à l'annonce.
Vous écrivez un courriel pour :
– dire le lieu de travail ;
– expliquer l'activité liée au poste ;
– dire les qualités ;
– décrire les compétences.
Complétez le courriel.
Utilisez les verbes d'action et les expressions
« *être responsable de...* » /
« *être chargé de...* », etc.

Mémo

■ être responsable
être chargé(e)
du / de la / d' /
des + *nom*

Importante société étrangère
d'équipement de la maison
recherche pour sa filiale française à Marseille
Responsable marketing junior

Votre mission :
– Lancement et commercialisation de la gamme de nouveaux produits
– Réalisation d'études de marché
– Préparation des salons professionnels
– Propositions d'actions promotionnelles
– Suivi du chiffre d'affaires des magasins
– Gestion des dossiers courants
– Contrôle des actions des chefs de produits
– Élaboration de statistiques

Votre profil :
– diplômé(e) d'une École Supérieure de Commerce
– sens du contact, autonomie, disponibilité
– 3 ans d'expérience, connaissance du marché français

Envoyer CV + lettre de motivation à
candidature@burlax.fr

Date : _____   **Objet :** _____

De : _____

À : _____

```
Bonjour ....................
J'ai lu une annonce intéressante pour toi. C'est un poste de
................ pour la filiale française d'une société étrangère
.................... à Marseille. Dans ce travail, tu ....................
du lancement et de la commercialisation de nouveaux produits.
Tu .................... les études de marché et tu .................... les
salons professionnels. Tu................ des actions promotionnelles.
Tu .................... du suivi du chiffre d'affaires des magasins.
Tu .................... les dossiers courants et tu .................... les
actions des chefs de produit.
Ce poste est pour toi : tu as un bon .................... tu es
.................... et disponible, tu .................... d'expérience
et tu .................... bien  le marché français.
Tu peux .................... ton CV et ta lettre de ....................
à candidature@burlax.fr
Bonne chance ! À +
```

GRAMMAIRE

Outils ling. n° 1 p. 98

4. Rumeurs

■ Les verbes *savoir* et *connaître*

Complétez les phrases avec *savoir* ou *connaître*.

1) – Vous .... la nouvelle collègue ?

2) – Oui, elle .... bien son travail.

Mémo

■ Savoir + *verbe infinitif*
→ Je sais parler l'anglais (= *j'ai appris l'anglais*) ;
■ Savoir + *mot interrogatif* que / comment / où / pourquoi / quand / si (= *avoir une information sur un point précis*) ;
■ Connaître + *nom* → Je connais son nom.
■ Savoir + *nom* → Je sais ma leçon de français (= *j'ai appris ma leçon*).

3) – Je .... comment elle a obtenu ce poste.

4) – Vous .... ses diplômes ?

5) – Non, mais nous .... où elle a travaillé.

6) – Et toi, tu .... ses compétences ?

7) – Oui, elle .... travailler en équipe.

8) – Elle .... bien le marché asiatique.

9) – Et elle .... négocier les contrats.

B 30 secondes pour lire un CV !

COMPRENDRE

Retenez p. 93

5. RÉUSSIR SON CV

a) Lisez le CV et faites correspondre les conseils du recruteur à la partie du CV concernée.

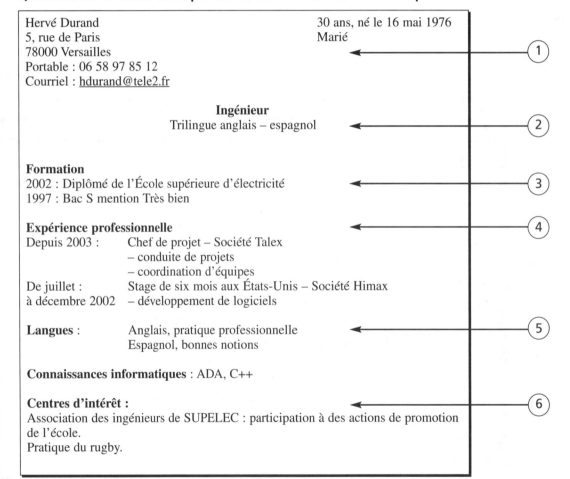

Les conseils du recruteur

a) Cette rubrique concerne vos loisirs et votre participation à des associations.

b) Vous devez noter le nom des postes et des entreprises avec vos missions.

c) Vous devez donner des informations complètes sur votre état civil.

d) Jeune diplômé, vous n'avez pas beaucoup d'expérience professionnelle : vous devez indiquer votre formation en premier.

e) Vous devez indiquer vos compétences en langues.

f) Indiquer le nom du poste souhaité rend plus facile le travail du recruteur.

a	
b	
c	
d	
e	
f	

COMPRENDRE

Outils ling. n° 4 p. 98

b) Vrai ou faux ?

■ **Pour donner des indications de temps :** *il y a / en / depuis / pendant*

Lisez les énoncés et cochez la bonne réponse.

1) Hervé Durand s'est marié il y a 3 ans.	☐ Vrai	☐ Faux	☐ On ne sait pas.
2) Il a appris deux langues pendant ses études.	☐ Vrai	☐ Faux	☐ On ne sait pas.
3) Il a fini ses études en 1997.	☐ Vrai	☐ Faux	☐ On ne sait pas.
4) Il a travaillé pendant 6 mois comme stagiaire.	☐ Vrai	☐ Faux	☐ On ne sait pas.
5) Il parle l'espagnol depuis 4 ans.	☐ Vrai	☐ Faux	☐ On ne sait pas.
6) Il a travaillé chez Talex en 2002.	☐ Vrai	☐ Faux	☐ On ne sait pas.
7) Il pratique un sport pendant le week-end.	☐ Vrai	☐ Faux	☐ On ne sait pas.
8) Il connaît l'informatique depuis six mois.	☐ Vrai	☐ Faux	☐ On ne sait pas.

GRAMMAIRE

Outils ling. n° 4 p. 98

6. DES HISTOIRES QUI DURENT

■ **Pour donner des indications de temps :** *il y a / en / depuis / pendant*

Cochez la bonne réponse.

Mémo

■ **Il y a** *indique la durée entre* **une action terminée** *et le* **moment présent** *(le verbe est au passé composé).*
Depuis *indique le début d'une* **action qui continue dans le présent** *(le verbe est au présent).*
Pendant *indique une durée* **dans le passé, le présent ou le futur.**
On peut dire : Il a travaillé pendant six mois comme stagiaire. *ou* Il a travaillé six mois comme stagiaire.

1) Je suis arrivée en France	❏ en	❏ il y a	six mois.
2) Elle a eu un entretien d'embauche	❏ il y a	❏ pendant	une semaine.
3) Il est resté à Londres	❏ pendant	❏ en	un an.
4) Ils passent des tests	❏ depuis	❏ il y a	2 heures.
5) Vous avez terminé vos études	❏ en	❏ depuis	combien de temps ?
6) Il a signé son contrat de travail	❏ pendant	❏ il y a	deux jours.
7) Elle suit des cours de français	❏ depuis	❏ il y a	trois mois.
8) Il travaille comme comptable	❏ en	❏ depuis	juin 2004.

C | Votre profil nous intéresse

COMMUNIQUER

Retenez p. 95

7. ÊTES-VOUS UN BON CANDIDAT ?

Lisez les questions posées pendant un entretien d'embauche. Quelle réponse choisissez-vous ?

1) Pourquoi voulez-vous cet emploi ?
a) ❏ Pour travailler dans un grand groupe et évoluer dans ma profession.
b) ❏ Pour gagner beaucoup d'argent.

2) À votre avis, quelles sont les qualités importantes pour occuper ce poste ?
a) ❏ Être assez agressif pour prendre votre place.
b) ❏ Aimer les défis et être disponible.

3) Qu'est-ce que vous faisiez dans votre ancien poste ?
a) ❏ J'utilisais beaucoup l'ordinateur pour écrire mes courriels personnels.
b) ❏ Je visitais la clientèle et je rédigeais des rapports de visite.

4) Quelles sont vos principales qualités ?
a) ❏ Je suis autonome, mais j'aime aussi le travail d'équipe.
b) ❏ Je suis gourmand, j'aime les bons repas alors je suis très disponible pour les déjeuners d'affaires.

5) Quelle est votre expérience professionnelle ?
a) ❏ J'ai travaillé pendant 3 ans à l'étranger dans un poste similaire. J'ai perfectionné mes connaissances des langues étrangères.
b) ❏ J'ai fait des petits boulots pour avoir du temps libre et pratiquer mes sports préférés.

6) Pourquoi voulez-vous quitter votre employeur actuel ?
a) ❏ Parce que je ne l'aime pas.
b) ❏ Parce que je voudrais avoir plus de responsabilité et réaliser mes objectifs professionnels.

GRAMMAIRE

Outils ling. n° 2 p. 98

8. DE NOUVEAUX VENUS

■ Pour parler d'un événement récent : *venir de* + infinitif

Complétez les phrases avec *venir + de / d'*.

Mémo

■ *Ne confondez pas :*
venir de + *un lieu* ➜ Je viens de Tokyo.
venir de *pour indiquer qu'une* **action** *s'est* **terminée** *il y a peu de temps :*
venir de ➜ Elle vient d'arriver en France.

1) Nous .... arriver en France.

2) Ils .... trouver un appartement.

3) Il .... lire une offre d'emploi.

4) Vous .... envoyer votre candidature.

5) Elle .... passer un entretien d'embauche.

6) Je .... signer mon contrat de travail.

7) Tu .... commencer ton travail.

8) Nous .... fêter l'événement !

GRAMMAIRE

Outils ling. n° 5 p. 98

9. LA PAROLE EST AUX SALARIÉS

■ Pour décrire et parler d'actions et de situations habituelles passées : l'imparfait

Complétez avec les verbes à l'imparfait.

1) À Barcelone, je .... à 17 h. Maintenant je finis à 18 h.

2) Avant, la cantine .... moins chère. Aujourd'hui, elle est plus chère.

3) Avant la nouvelle loi, nous .... 39 heures. Maintenant, nous travaillons 35 heures.

4) Avant, l'entreprise .... au mois d'août. Maintenant, elle ne ferme plus.

5) L'année dernière, tu .... les nouvelles collègues, mais cette année tu ne les formes plus.

6) Avant, vous .... 1 800 €. Ce mois-ci vous gagnez 2 100 €.

7) Avant, elle .... beaucoup, mais maintenant elle voyage moins.

8) Le mois dernier, nous .... beaucoup de commandes. Maintenant nous prenons moins de commandes.

9) L'ancienne assistante .... beaucoup d'expérience. La nouvelle assistante a moins d'expérience.

10) Avant, ils .... souvent en week-end, mais maintenant ils partent moins.

11) Avant, vous .... des produits naturels. Aujourd'hui, vous choisissez de moins bons produits.

12) L'ancien directeur .... « bonjour » aux salariés et il nous .... bien. Le nouveau directeur ne dit pas « bonjour » aux salariés et il ne nous connaît pas.

Mémo

■ *La* **formation** *de* **l'imparfait** *est régulière pour tous les verbes sauf le verbe* **être** *:* je suis ➜ j'étais nous sommes ➜ nous étions.

D | Quelles sont les conditions ?

10. MON NOUVEAU TRAVAIL

■ Les mots interrogatifs composés

Vous commencez un nouveau travail. Vous demandez des renseignements à vos collègues.

a) Reconstituez les questions.

b) Faites correspondre les réponses de vos collègues aux questions.

		Questions	Réponses
1)	Avec qui	prime je peux compter ?	**a)** Dans le bâtiment en face.
2)	Dans quel	moyen de transport venez-vous au bureau ?	**b)** Sur un treizième mois.
3)	Avec quel	bâtiment il y a la cantine ?	**c)** Avec le directeur export.
4)	Pour quels	étage se trouve mon bureau ?	**d)** Pour des magasins néerlandais.
5)	Sur quelle	clients préparez-vous ces commandes ?	**e)** avec le bus.
6)	À quel	je vais voyager ?	**f)** Au 2e étage.

Questions	Réponses
1)	....
2)	....
3)	....
4)	....
5)	....
6)	....

11. UNE LETTRE D'ENGAGEMENT

Lisez le contrat d'embauche et cochez la bonne réponse.

1) La personne recrutée est :
   a) ❑ un homme.
   b) ❑ une femme.
   c) ❑ on ne sait pas.

2) La personne est employée :
   a) ❑ depuis le 3 mars.
   b) ❑ pendant 3 mois.
   c) ❑ il y a 3 mois.

3) Son salaire est de 1 980 € :
   a) ❑ par semaine.
   b) ❑ par mois.
   c) ❑ pour une durée de trois mois.

4) La personne gagne :
   a) ❑ plus que le SMIC.
   b) ❑ autant que le SMIC.
   c) ❑ moins que le SMIC.

Madame,

Nous avons le plaisir de vous informer que vous êtes engagée chez Paramex, à partir du 3 mars 2006 par contrat de travail à durée indéterminée.

Fonction : conseillère clientèle.

Période d'essai : 3 mois.

Rémunération brute mensuelle sur la base de 35 heures par semaine : 1 980 euros

Avantages : 13e mois, téléphone et ordinateur portables

Lieu de travail : filiale de Bordeaux, nombreux déplacements à Lille

Congés payés : 5 semaines, 4 semaines entre le 1er mai et le 31 octobre et une semaine en décembre.

Nous vous remercions de nous retourner un exemplaire de la présente lettre d'engagement avec votre signature précédée de la mention « lu et approuvé ».

Veuillez agréer, Madame, nos meilleures salutations.

Le Directeur des ressources humaines

5) Le poste est basé à :
- **a)** ❏ Lille.
- **b)** ❏ Bordeaux.
- **c)** ❏ Lille et Bordeaux.

6) La personne a :
- **a)** ❏ un avantage matériel.
- **b)** ❏ deux avantages matériels.
- **c)** ❏ trois avantages matériels.

7) Elle a droit à :
- **a)** ❏ 4 semaines de congés payés en hiver.
- **b)** ❏ 5 semaines de congés payés en été.
- **c)** ❏ 4 semaines de congés payés au printemps, en été ou en automne et une semaine en hiver.

12. PREMIER EMPLOI

Remettez les éléments de la lettre dans le bon ordre.

COMMUNIQUER

Repères culturels p. 100

a) Je me tiens à votre disposition pour vous rencontrer et vous exposer mes motivations.

b) Jeune diplômé de l'École supérieure d'électricité, je souhaite travailler avec une équipe dynamique pour développer mes compétences. Les stages que j'ai effectués pendant mes études m'ont permis d'acquérir le sens de l'organisation et une bonne pratique de l'anglais professionnel.

c) Objet : candidature au poste d'ingénieur junior

d) Intégrer une grande entreprise et choisir un métier d'avenir correspondent à mon projet professionnel ; c'est pourquoi j'ai lu avec intérêt votre offre d'emploi pour un poste d'ingénieur junior.

e) Madame, Monsieur,

f) Dans cette attente, je vous prie de croire, Madame, Monsieur, à l'expression de mes salutations distinguées.

g) Disponible, je souhaite mettre mon enthousiasme et mon goût pour le travail en équipe au service de votre entreprise.

1	
2	
3	
4	
5	
6	
7	

PHONIE-GRAPHIE

13. LE SON O

Complétez les mots avec *o*, *ô*, *au* ou *eau*.

1) Dés.......lé ! Il fait tr.......p ch.......d pour travailler !

2) Après la p.......se-café, les commerci.......x lisent les journ.......x.

3) L'h.......tel est à c.......té de n.......s bur.......x.

4) Ce styl......., quel b....... cad........ !

5) Il faut être ....t.......n.......me pour ce gr.......s poste .

6) Il est emb.......ché parce qu'il a une s.......lide expérience.

Mémo

■ *Le son* [O] *peut s'écrire o, ô, au ou eau.*

A | Quelle est votre activité ?

VOCABULAIRE

Retenez p. 105

1. Le bon mot

Corrigez les erreurs soulignées dans les phrases. Réécrivez la phrase avec l'expression correcte.

1) Notre entreprise a été <u>située</u> en 1985 : ....

2) Nous avons une usine <u>posée</u> près de Lausanne en Suisse : ....
....

3) Notre <u>siège social</u> est de fabriquer des bijoux fantaisie : ....

4) Notre <u>chiffre d'affaires</u> est de 120 personnes : ....

5) Notre <u>clientèle</u> de produits est connue dans le monde entier : ....
....

6) Nous <u>exportons</u> nos produits dans de nombreux magasins implantés dans notre pays :
....

GRAMMAIRE

Outils ling. n° 1 p. 112

VOCABULAIRE

Retenez p. 105

2. Des courses à faire

■ Pour apporter une précision : les pronoms relatifs

a) **Complétez les phrases ci-dessous avec *qui, que, où*.**

b) **Trouvez le nom du commerce ou du commerçant pour chaque phrase.**

1) C'est une boutique .... vous pouvez acheter du saumon et des dorades : ....

2) C'est une personne .... fait de jolis bouquets de fleurs : ....

3) Dans cette boutique, vous pouvez trouver le livre .... vous cherchez : ....
....

4) Cette personne sait réparer les chaussures .... vous mettez : ....
....

5) Je vous conseille cette personne .... coupe très bien les cheveux : ....
....

6) C'est un endroit .... vous achetez du parfum et des produits de beauté : ....
....

7) Ce commerçant est très connu pour les gâteaux .... il fait : ....
....

8) Ce commerçant vend une excellente viande .... je vous conseille : ....
....

9) C'est un lieu .... est très agréable pour les soins du corps : ....
....

10) Vous ne voulez pas faire de cuisine, vous voulez manger du saucisson ou du jambon :
ce commerçant prépare des plats .... sont très bons : ....
....

Mémo

■ Aller **chez**
le boucher, **chez**
le boulanger, **chez** le
fleuriste ➜ chez + *nom
du commerçant.*
Aller à la boucherie,
à la boulangerie
➜ aller **à la** / au / à l' +
*nom de commerce.
Mais on dit toujours*
chez le/ la fleuriste,
chez l'esthéticienne,
chez le coiffeur.

COMMUNIQUER

Retenez p. 105

3. ENTREPRISES À VENDRE

Lisez les annonces d'entreprises à vendre.

Annonce 1

Fabrique de produits sanitaires

Année création : 1982
Siège social : Strasbourg
Usine région Alsace
CA : 25 000 000 €   Effectif : 80
Production et commercialisation de produits
sanitaires : saunas, spas, cabines de douche –
50 modèles
Clientèle : magasins de bricolage et plombiers
Entreprise leader en Europe
Marché international : Europe – États-Unis

Annonce 2

Import-export de vêtements

Année création : 1995
Siège social : Lille
CA : 5 000 000 €
Effectif : 12
Activité : Importations de tee-shirts – gamme
de 30 coloris pour des impressions publicitaires
Clientèle : agences de communication
et entreprises
Entrepôt de 1 000 m² situé dans une zone
industrielle avec parking
Une filiale de distribution en Espagne

Rédigez une courte présentation de chaque entreprise.

Ex. : L'entreprise a été créée ...... L'entreprise est située ....

1) ....
....
2) ....
....

GRAMMAIRE

*Outils ling. n⁰ˢ 6 et 8
p. 114*

4. ACTIVITÉS

■ Les verbes *produire*, *construire* et *vendre*

Complétez les phrases avec le verbe qui convient.

1) Il .... des maisons que nous .... aux clients.

2) Nous .... des légumes qu'il .... sur les marchés.

3) Tu .... des immeubles que les agents immobiliers ....

4) Vous .... des avions que vous .... aux compagnies aériennes.

5) Je .... des vêtements de sport que je .... aux magasins de sport.

6) Ils .... des montres que tu .... dans ta boutique.

B   Qui fait quoi ?

COMMUNIQUER

Retenez p. 107

5. J'AI RENDEZ-VOUS

Voici l'organigramme de la Société Spoliac :

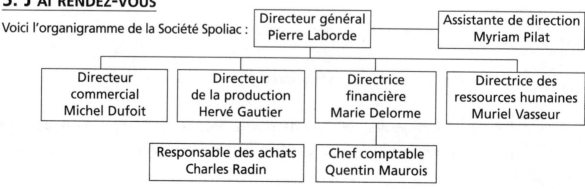

a) Vous travaillez à l'accueil de l'entreprise. Qui va recevoir ces personnes ?

J'ai un rendez-vous pour un entretien d'embauche.

Je viens pour présenter notre nouvelle gamme de produits.

1) ....   2) ....

C'est pour un problème de facture.

Nous devons organiser une réunion avec le directeur général. Pouvez-vous fixer une date ?

3) ....   4) ....

Nous avons un problème de fabrication avec la machine à mélanger.

C'est pour les ventes à l'export. J'ai besoin de renseignements.

5) ....   6) ....

b) Vous travaillez au service du courrier. À quelle personne sont destinés les documents suivants ?

1) Une commande : ....

2) Un catalogue avec une nouvelle gamme d'articles : ....

3) Un chèque pour payer une facture : ....

4) Un curriculum vitæ : ....

5) Un formulaire pour participer à un salon professionnel à l'étranger : ....

6) Une invitation à une conférence sur le management d'entreprise : ....

COMMUNIQUER

Retenez p. 107

6. NOMINATIONS

Deux nouveaux collègues arrivent dans l'entreprise Spoliac. Vous écrivez un court article pour le journal interne de l'entreprise. Vous parlez des fonctions de vos nouveaux collègues.

1)
```
Nom : Pilar Guezala
Fonction : Chef de projet pour la construction
de la nouvelle usine
Service : Direction générale
```

....
....
....

2)
```
Nom : Hans Van Apen
Fonction : Ingénieur – conception nouveaux produits
Service : production – 4 techniciens
```

....
....
....

GRAMMAIRE

Outils ling. n° 1 p. 112,
Repères culturels
p. 114

7. DES PRÉCISIONS

■ Pour apporter une précision : les pronoms relatifs

Complétez les énoncés et construisez des phrases.

1) Spoliac est une grande entreprise
2) Le siège social est l'adresse
3) L'assistante de direction accueille les visiteurs
4) Le comptable vérifie les factures
5) Le commercial s'occupe des magasins
6) L'entreprise Spoliac a une usine
7) Le responsable marketing organise des actions promotionnelles
8) Le salarié est un employé

a) où on fabrique des cosmétiques.
b) qui se trouve dans le nord.
c) qu'il va envoyer aux clients.
d) qui touche un salaire.
e) qui sont intéressantes.
f) qui a plus de 500 salariés.
g) où se trouve la direction.
h) que le patron va recevoir.

1	
2	
3	
4	
5	
6	
7	
8	

C Secret de fabrication

VOCABULAIRE

Vocabulaire pp. 109
et 110

8. SECRETS DE MOTS

a) Reliez les mots qui vont ensemble.

1) découper • • a) l'eau
2) chauffer / cuire • • b) un bac / une boîte de conserve
3) laver • • c) un couteau
4) mettre • • d) un four

b) Reliez chaque mot et son contraire.

1) chauffer • • a) sucré
2) ouvrir • • b) refroidir
3) rajouter • • c) fluide / liquide
4) salé • • d) commencer
5) solide • • e) sertir / fermer
6) terminer • • f) enlever

GRAMMAIRE

Outils ling. nos 7 et 9
p. 113

9. RENSEIGNEMENTS

■ Les verbes *obtenir* et *mettre*

Complétez les phrases avec les verbes *mettre* ou *obtenir*.

1) – Qu'est-ce que vous .... dans cet appareil pour fabriquer ce parfum ?

   – Nous .... des pétales de fleurs.

2) – Est-ce que vous .... de bons résultats avec ce procédé ?

   – Oui, nous .... de très bons résultats avec ce procédé.

3) – Est-ce que tu .... une fiche technique en allemand avec le produit?

   – Non, je .... une fiche technique en espagnol.

4) – Est-ce qu'on .... rapidement un rendez-vous avec le directeur technique ?

   – Oui, c'est rapide : on .... son nom sur le planning de rendez-vous sur Internet.

5) – Est-ce qu'ils .... du sucre dans le jus d'orange ?

   – Oui, ils .... toujours du sucre et ils .... un très bon jus d'orange.

GRAMMAIRE

Outils ling. n° 3
p. 112

10. COMMENT FABRIQUER DES OBJETS EN VERRE

■ Pour exprimer les actions d'un processus : la forme passive

Expliquez la fabrication d'un objet en verre. Utilisez la forme passive.

1) On obtient du verre à partir de trois composants : le sable, la soude et la chaux.

....

2) On met une goutte de verre dans un moule.

....

3) On souffle le verre mécaniquement.

....

Mémo

■ **On** est toujours sujet d'un **verbe** à la **troisième personne**.

Formation du passif :
Être + *participe passé* du verbe.

4) On refroidit l'objet en verre avec de l'air ventilé.

....

5) On cuit l'objet en verre dans un four.

....

6) On contrôle l'objet en verre.

....

11. UNE FICHE TECHNIQUE

Rédigez une fiche technique pour expliquer le procédé de fabrication d'un objet en verre. Réécrivez les phrases et utilisez les expressions pour dire la chronologie : *d'abord, après, enfin, ensuite, plus tard, puis.*

....

....

COMMUNIQUER

Retenez p. 109

....

....

12. DERNIÈRES NOUVELLES

■ La forme active

Mettez les phrases à la forme active avec *on.*

1) Une délégation japonaise est attendue pour visiter l'usine.

....

GRAMMAIRE

*Outils ling. n° 3
p. 112*

2) Un nouveau directeur de production est nommé.

....

3) Une nouvelle chaîne de fabrication est installée dans l'usine de Nice.

....

4) Une nouvelle crème est obtenue à partir de produits naturels.

....

5) 80 % DE LA PRODUCTION SONT VENDUS À L'ÉTRANGER.

....

6) Trente ouvriers sont recrutés pour l'usine de Nice.

....

7) DES INVITATIONS SONT MISES À LA DISPOSITION DU PERSONNEL POUR L'INAUGURATION DE LA NOUVELLE USINE.

....

13. PIZZA FRAÎCHE

Lisez le texte et cochez la bonne réponse.

Une pizza toute chaude

Q̶uatre minutes et la machine livre une pizza toute chaude, sept jours sur sept, jour et nuit. C'est idéal quand on a une petite faim à la sortie d'un cinéma ou pour préparer un repas quand les magasins sont fermés.

La machine est pilotée par un ordinateur. D'abord, le client met sa carte bancaire dans la machine. Ensuite, le four électrique chauffe. Quand le client a choisi sa pizza, la pizza est prise automatiquement dans la chambre froide, puis elle est mise dans le four où elle cuit. Après, elle est mise dans un carton et elle est poussée jusqu'à la sortie. Enfin, le client a sa pizza toute chaude. À table !

1) On achète la pizza dans un magasin. ☐ Vrai ☐ Faux ☐ On ne sait pas.
2) On peut acheter une pizza à minuit. ☐ Vrai ☐ Faux ☐ On ne sait pas.
3) On peut manger une pizza le dimanche. ☐ Vrai ☐ Faux ☐ On ne sait pas.
4) Il y a sept variétés de pizza. ☐ Vrai ☐ Faux ☐ On ne sait pas.
5) La cuisson dure 5 minutes. ☐ Vrai ☐ Faux ☐ On ne sait pas.
6) Le client paie par carte bancaire. ☐ Vrai ☐ Faux ☐ On ne sait pas.
7) La pizza est présentée dans une boîte. ☐ Vrai ☐ Faux ☐ On ne sait pas.
8) Le client doit faire chauffer la pizza parce qu'elle est vendue froide. ☐ Vrai ☐ Faux ☐ On ne sait pas.

D Je suis perdu !

Retenez p. 110

14. OÙ ÊTES-VOUS ?

Regardez le plan et indiquez où sont les personnes. Vous noterez le numéro.

Personne 1 : Longez d'abord le parking. Puis tournez à droite, rue Raspail en direction de la place Voltaire. Ensuite, prenez la troisième rue à gauche.

Personne 2 : Allez tout droit et traversez la Place Voltaire. C'est juste en face.

Personne 3 : D'abord tournez dans la première rue à gauche. Ensuite, allez tout droit. Longez le square J. Coutant et l'Esplanade Georges Marane, puis traversez la rue Raspail.

Personne 4 : Allez tout droit jusqu'au feu rouge. Prenez la première rue à droite. Longez la station service et allez tout droit jusqu'au carrefour, puis traversez la place Voltaire.

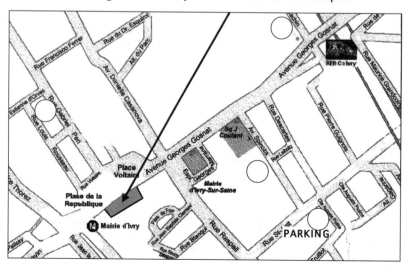

GRAMMAIRE

*Outils ling. n° 4
p. 112*

15. BIENVENUE SUR LES ROUTES DE FRANCE

■ Pour donner des conseils : l'impératif

a) Donnez ces conseils à l'impératif.

Pour partir tranquille :

1) préparer l'itinéraire ➜ ....

2) noter sur une feuille les grandes villes à traverser et les routes à prendre

➜ ....

3) prévoir les haltes repos et les repas ➜ ....

4) faire le plein d'essence ➜ ....

5) partir après une bonne nuit de sommeil➜ ....

6) éviter les boissons alcoolisées ➜ ....

7) mettre les bagages dans le coffre de la voiture ➜ ....

8) éteindre le téléphone portable ➜ ....

9) avoir des activités calmes pour les enfants ➜ ....

10) prendre une bouteille d'eau ➜ ....

b) Donnez les mêmes conseils à un ami. Utilisez le tutoiement.

1) .... **2)** .... **3)** ....

4) .... **5)** .... **6)** ....

7) .... **8)** .... **9)** ....

10) ....

GRAMMAIRE

Outils ling. n° 4 p. 112

16. INTERDICTIONS

a) Transformez les phrases à la forme impérative négative comme dans l'exemple.

*Ex. : Vous ne devez pas tutoyer votre patron. ➜ **Ne** tutoyez **pas** votre patron.*

Vous ne devez pas :

1) appeler votre patron par son prénom ➜ ....

2) dépasser les limites de vitesse ➜ ....

3) sortir du côté de la circulation ➜ ....

4) fumer dans les bureaux ➜ ....

5) courir sur les pelouses ➜ ....

6) entrer sans frapper ➜ ....

7) être en retard à une réunion ➜ ....

8) cueillir des fleurs ➜ ....

9) répondre à un appel téléphonique sur votre portable ➜ ....

10) conduire sous l'effet de l'alcool ➜ ....

COMPRENDRE

b) Dans quels lieux peut-on trouver ces interdictions ? Notez le numéro de la phrase.

Dans une entreprise : ....

Sur la route : ....

Dans un jardin public : ....

Mémo

■ L'impératif
Pas de « s » à l'impératif
pour les verbes du 1er groupe
à la 2e personne du singulier
et pour les verbes :
aller ➜ va
offrir ➜ offre
ouvrir ➜ ouvre
Impératif des verbes
être : sois, soyons, soyez
avoir : aie, ayons, ayez
vouloir : veuillez

GRAMMAIRE

Outils ling. n° 4
p. 112

17. INSTRUCTIONS

a) Donnez les instructions à l'impératif et rajoutez le pronom COD *le, la* ou *les*.

Dans une entreprise :

1) *Porter votre badge* ➜ *Portez-le.*

2) Mettre le casque de sécurité ➜ ....

3) Respecter les zones interdites ➜ ....

4) Lire les consignes de sécurité ➜ ....

5) Remplir la fiche de visite ➜ ....

Dans un bureau :

6) Finir le rapport ➜ ....

7) Prendre la communication téléphonique ➜ ....

8) Écrire le compte rendu ➜ ....

9) Faire les photocopies ➜ ....

10) Appeler la stagiaire ➜ ....

b) Écrivez les phrases à l'impératif à la 1re personne du pluriel.

1) ....   **6)** ....

2) ....   **7)** ....

3) ....   **8)** ....

4) ....   **9)** ....

5) ....   **10)** ....

Mémo

■ *Le pronom complément est placé après le verbe à l'impératif affirmatif Mettez un trait d'union entre le verbe et le pronom :*
Ouvrez la porte
➜ ouvrez-**la**

PHONIE-GRAPHIE

18. LE SON S

Complétez les mots avec *s*, *ss*, *c*, *ç*, *sc*, *t* et ensuite lisez les phrases.

1) Il a .....ous .....a respon.....abilité trois employés.

2) Madame Fabre est la directri.....e de .....et établi.....ement.

3) L'a.....en.....eur de.....ert tous les étages. Quand vous .....ortez, vous .....uivez le couloir.

4) C'est la .....alle juste en fa.....e.

5) .....a va bien ?

6) .....ette opéra.....ion commer.....iale est une belle réalisa.....ion.

7) Ils .....e connai.....ent depuis longtemps.

8) J'ai a.....ez d'a.....ortiment de .....avons à offrir à la clientèle.

9) La .....o.....iété recherche une hôte.....e pour ren.....eigner les clients.

10) .....e commer.....ant re.....oit des produits de .....es fourni.....eurs.

Mémo

■ *Le son* [s] *peut s'écrire :*
« s » *quand il n'est pas entre deux voyelles,*
« ss » *entre deux voyelles,*
« c » *devant* e, i, y,
« ç » *devant* a, o, u.
« sc » *devant* e, i,
« t » *quand le mot se termine par* « ion » *(sauf pour* question*).*

L'ORAL DU **DELF A2**

Il se compose de deux parties :
• Une épreuve de compréhension de l'oral (notée sur 25) :
Vous devez répondre à des questions de compréhension portant sur trois ou quatre documents très courts. Chaque document dure environ cinq minutes et parle d'une situation de la vie quotidienne. La durée totale de l'épreuve est de vingt-cinq minutes.
• Une épreuve de production orale (notée sur 25) :
cette épreuve d'expression orale se compose de trois parties :
– un entretien dirigé (entre une et deux minutes),
– un monologue suivi (deux minutes),
– un exercice en interaction (trois, quatre minutes).
L'épreuve dure de six à huit minutes. La première partie se déroule sans préparation et pour la deuxième et la troisième, vous avez dix minutes de préparation.

Compréhension des écrits

Lisez le texte et répondez aux questions.

« À 14 ans déjà, je voulais travailler dans le bâtiment pour construire des maisons et des immeubles » raconte Aline BERGER, chef de chantier chez Bâtimot. « Mon père dirigeait une entreprise dans ce secteur et il trouvait que ce métier n'était pas fait pour une femme. » Alors, Aline a commencé des études à l'École Supérieure de Commerce de Nantes. Après un an, elle a arrêté et elle a tout recommencé. Elle a suivi des cours pour préparer un diplôme universitaire de technologie option bâtiment. Elle était la seule fille et tous les professeurs la regardaient ! Pendant son apprentissage, elle a reçu un bon accueil de la part des ouvriers. Son premier chantier comme responsable des travaux : la construction d'un supermarché. Un défi pour cette jeune diplômée, mais elle a obtenu la confiance de ses chefs et quinze jours après la fin de la formation, elle est recrutée en CDI.

FOCUS INFO
Mercredi 5 mai

---

a) Cochez (☒) la bonne réponse.

1) C'est
a) un article de journal. ❏
b) un message publicitaire. ❏
c) une lettre professionnelle. ❏

2) Quand elle était jeune, Aline
a) travaillait avec son père. ❏
b) savait ce qu'elle voulait faire. ❏
c) ne savait pas ce qu'elle voulait faire. ❏

3) Le père d'Aline était
a) directeur. ❏
b) ouvrier. ❏
c) commerçant. ❏

4) Aline
a) est diplômée d'une école de commerce. ❏
b) est diplômée d'une université de technologie. ❏
c) n'a pas de diplôme. ❏

b) Cochez la colonne vrai ou faux. Justifiez votre réponse en écrivant une phrase du texte.

	Vrai	Faux
1) Pour le père d'Aline, le bâtiment est une activité masculine.	❏	❏

Justification : ....

2) Dans l'université d'Aline, il y a autant de filles que de garçons.	❏	❏

Justification : ....

3) Aline travaille dans le secteur de la distribution.	❏	❏

Justification : ....

4) Aline travaille dans le même secteur d'activité que son père.	❏	❏

Justification : ....

5) Aline a eu des problèmes avec ses collègues quand elle a commencé son travail.	❏	❏

Justification : ....

6) Aline a un poste tout de suite après ses études.	❏	❏

Justification : ....

Production écrite

Vous venez de trouver un nouveau poste. Vous écrivez une lettre à un(e) ami(e) francophone. Vous décrivez votre nouveau travail et vous le comparez avec votre ancien poste. Vous comparez l'ambiance au travail et vos avantages.
Vous écrirez un texte de 60 à 80 mots.

....
....
....
....
....
....
....
....
....
....
....
....
....

Production orale : entretien dirigé

CONTENU DE L'ÉPREUVE

Vous vous présentez à l'examinateur, parlez de votre famille, de votre profession, de vos goûts...
L'examinateur pourra vous poser des questions sur ces sujets.

Vous recherchez un stage ou un emploi en France. Vous allez dans une agence d'intérim et vous vous présentez. Vous décrivez votre formation et votre expérience. Vous parlez de vos qualités et vous précisez quel poste vous recherchez et dans quel secteur d'activité. Vous expliquez pourquoi vous recherchez un stage ou un emploi en France.

A 24 heures avec une pro !

VOCABULAIRE
Vocabulaire p. 119

1. ACTIVITÉS QUOTIDIENNES

a) Chassez l'intrus.

1) se laver, s'endormir, se doucher

2) se reposer, se préparer, s'habiller

3) se maquiller, se raser, se présenter

4) se lever, se coucher, se réveiller

**b) Dans quels lieux se passent les activités quotidiennes énumérées dans le a) ?
Indiquez le numéro correspondant.**

Dans une chambre : ....

Dans une salle de bains : ....

GRAMMAIRE
*Outils ling. n° 1
p. 126*

2. ÉCHANGES

■ Les verbes pronominaux

Complétez les phrases et indiquez la personne qui répond à la question.

	Qui répond ?
1) – Vous .... (s'entraîner) beaucoup avec votre équipe de rugby ?	
– Oui, nous .... (s'entraîner) trois fois par semaine.	**a)** Une hôtesse de l'air
2) – Vous .... (se lever) à quelle heure ?	
– Je .... (se lever) à 4 h pour le premier vol de la journée.	
3) – Où sont les mannequins pour la photo ?	**b)** Un couturier
– Elles .... (se préparer) pour le défilé : elles .... (se maquiller) et elles .... (s'habiller).	
4) – Qu'est-ce que tu fais ce week-end ?	**c)** Un médecin expatrié
– Je .... (se reposer) et je .... (s'occuper) aussi d'une association : je .... (s'investir) beaucoup ; ça change du boulot.	**d)** Une collègue de travail
5) – Pourquoi vous .... (s'installer) en Afrique ?	
– Nous .... (s'installer) en Afrique parce que nous .... (s'intéresser) aux maladies tropicales.	**e)** Un sportif

Mémo

■ *Les verbes pronominaux se conjuguent avec un pronom de la même personne que le sujet :* Je me lève. Nous nous levons. *Attention :* ce + nom → **ce** musée se + verbe → **se** lever.

VOCABULAIRE
Retenez p. 119

3. VOS ACTIVITÉS DE LOISIRS

a) Associez les pictogrammes au sport ou à l'activité culturelle concernée.

1) l'escalade ...... a) b) c) d) e)   **6)** le vélo ....

2) la marche ......   **7)** les échecs ....

3) le ski ....   **8)** la danse ....

4) la natation ..... f) g) h) i) j)   **9)** le basket-ball ...

5) la guitare ....   **10)** le violon ....

Retenez p. 119

Mémo

■ Je joue **du** banjo ➜ jouer du, de la, de l' + *instrument de musique*
Je joue **au** football ➜ jouer au / à la / à l' + *jeu*

Je fais du sport ➜ faire du, de la, de l'
Je fais de la musique.

b) Complétez les phrases avec les activités.

Je joue ....
....
....
Je fais ....
....
....

COMPRENDRE

4. SMS 24 h / 24 h

Indiquez quel est le moment de la journée (matin, après-midi, soir ou nuit) et inscrivez le numéro du SMS dans la bonne colonne.

LAËTITIA
16 H 46
Je t'invite
à dîner.
Viens à
9 heures
moins le quart.

OPTION   RETOUR
2)

MARC
19 H 37
Arrivée
de l'avion
prévue
à minuit dix.

OPTION   RETOUR
4)

TERENCE
16 H 15
Le spectacle
commence
à 8 heures et
demie. Je passe
te prendre en
voiture après
le travail.

OPTION   RETOUR
5)

MARIE
22 H 15
Réveille-moi
à 6 heures
moins le quart.
Mon train part
à 7 heures.

OPTION   RETOUR
1)

RICHARD
9 H 23
Rendez-vous
à 1 heure
à la cafétéria
pour déjeuner.

OPTION   RETOUR
3)

Matin	Après-midi	Soir	Nuit
......	......	......	......

VOCABULAIRE

Repères culturels p. 128

5. Nouvelle collection

Qui porte ces vêtements ? Classez-les. Mettez une croix dans la bonne colonne.

Vêtements	Homme	Femme	Homme et femme
1) Un costume			
2) Une veste			
3) Une chemise			
4) Un pull			
5) Un pantalon			
6) Une cravate			
7) Un chemisier			
8) Une ceinture			
9) Un tailleur			
10) Des chaussettes			
11) Une ceinture			
12) Un imperméable			
13) Une jupe			
14) Une robe			
15) Un caleçon			

6. UNE JOURNÉE ACTIVE

a) Choisissez le bon verbe.

HERVÉ, chef de projet

Le réveil sonne à 7 heures et quart : je (*me lève / lève*) et je (*me douche / douche*). Je (*me prépare / prépare*) rapidement et j'avale un thé et un croissant. Je travaille à 20 minutes en métro. J'arrive vers neuf heures moins dix.

Je / j' (*m'installe / installe*) à mon bureau et j'allume mon ordinateur : je regarde mon agenda de la journée (réunions, tâches urgentes à faire...).

J'ai l'habitude de boire un café avec mes collègues, c'est notre rituel de la matinée.

Entre 9 heures et quart et midi et demie, je (*m'occupe / occupe*) des dossiers importants. Tous les jours, je déjeune avec mon équipe au restaurant. Dans notre quartier, nous avons le choix : restaurant japonais, marocain, turc, bistrot français...

De retour à mon bureau vers une heure et demie, je (*me prépare / prépare*) les réunions de l'après-midi où je (*me présente / présente*) les nouveaux projets.

Deux après-midi par semaine, je / j' (*m'organise / organise*) une vidéo-conférence avec nos succursales de Francfort et d'Amsterdam.

Après la conférence, je réponds aux courriels de la journée. J'arrive à la maison vers 7 heures.

Je fais du judo deux soirs par semaine. Quand j'ai fini, je (*me dépêche / dépêche*) de rejoindre des amis pour dîner.

Le soir je ne (*me couche / couche*) jamais avant 11 heures et je lis une demi-heure à une heure avant de m'endormir.

b) Cochez la bonne réponse.

1) Le matin, Hervé part de la maison à :
a) ❑ 8 heures moins le quart.
b) ❑ 8 heures.
c) ❑ 8 heures et demie.

2) Avant de partir,
a) ❑ il prend toujours un petit déjeuner.
b) ❑ il prend rarement un petit déjeuner.
c) ❑ il ne prend jamais de petit déjeuner.

3) Tous les matins,
a) ❑ il prend un café au travail.
b) ❑ il a des réunions.
c) ❑ il arrive vers 9 h 15.

4) Il a l'habitude de déjeuner :
a) ❑ à la cantine.
b) ❑ chez lui.
c) ❑ au restaurant.

5) Pour ses réunions avec les succursales,
a) ❑ il fait deux déplacements professionnels par semaine.
b) ❑ il a deux après-midi occupées.
c) ❑ il a deux matinées prises.

6) Tous les soirs,
a) ❑ il rentre chez lui à 21 heures.
b) ❑ il se couche vers 22 h.
c) ❑ il s'endort vers minuit.

7. EN RÉUNION

■ Les verbes *ouvrir* et *sortir*

Complétez avec les formes correctes des verbes *ouvrir* ou *sortir*.

1) Vous (ouvrir) .... la porte de la salle de réunion.

2) Tu (sortir) .... les catalogues de l'armoire.

3) J'(ouvrir) .... le catalogue pour voir la nouvelle gamme.

4) Il (sortir) .... son ordinateur portable de son attaché case et il l'(ouvrir) ....

5) Nous (sortir) .... notre stylo de notre poche pour prendre des notes.

6) Je (sortir) .... mon agenda électronique pour noter la prochaine réunion.

7) Ils (ouvrir) .... la porte de la salle et ils (sortir) ....

de la réunion.

COMPRENDRE

Outils ling. n° 5
p. 127

8. QUESTIONS DE LIEU

a) Trouvez le nom des lieux.

1) On y fait des déjeuners d'affaires. : ....

2) On y voit de beaux spectacles. : ....

3) On y travaille. : ....

4) On y expose les nouveaux produits. : ....

5) On y ouvre un compte bancaire. : ....

6) On y gare sa voiture. : ....

7) On y prend le train. : ....

8) On y fait ses courses. : ....

b) À vous de rédiger cinq phrases pour les cinq lieux suivants :

1) Dans la salle de bains : ....

2) Au musée : ....

3) Dans un club de sport : ....

4) Chez le boulanger : ....

5) Au concert : ....

Mémo

■ Y *remplace des noms de lieu :*
Je vais **au bureau.**
Je vais **chez le directeur.**
Je vais **dans une salle de gymnastique.**
Je vais **en France / à Paris.**
➔ J'y vais.

B Un planning chargé

GRAMMAIRE

Outils ling. n° 4
p. 126

9. TRAVAIL BIEN FAIT !

■ Les compléments indirects

Complétez les phrases avec les pronoms indirects comme dans l'exemple.

Ex. : – Est-ce que tu as téléphoné au fournisseur ?
*– Bien sûr, je **lui** ai téléphoné.*

1) – Vous avez parlé au directeur ?

– Oui, nous .... avons parlé.

2) – Est-ce qu'ils ont expliqué le programme de visite aux clients ?

– Bien sûr, ils .... ont expliqué le programme de visite.

3) – Demandez bien le badge aux visiteurs !

– Entendu, nous .... demandons le badge.

4) – Est-ce que tu peux m'envoyer les nouveaux tarifs ?

– D'accord, je .... envoie les nouveaux tarifs immédiatement.

5) – Pose la question à la comptable pour le problème de la facture !

– Entendu, je .... pose la question.

6) – Avez-vous proposé une formation aux assistantes?

– Bien sûr, nous .... avons proposé une formation.

7) – Peux-tu écrire une lettre de convocation aux candidats ?

– C'est noté, je .... écris une lettre de convocation tout de suite.

8) – Est-ce que vous pouvez me communiquer vos coordonnées ?

– Bien sûr, je .... communique mes cordonnées immédiatement.

Mémo

■ *Le pronom complément indirect*
La forme est la même au masculin et au féminin.
Il téléphone au client.
➔ Il lui téléphone.
Il téléphone à sa secrétaire.
➔ Il lui téléphone.
Attention !
leur / leurs + *nom*
Ils téléphonent à leurs clients. (leurs = adjectif)
leur + *verbe*
Il leur téléphone.
(leur = pronom)

COMMUNIQUER

Retenez p. 122

10. N'OUBLIEZ PAS !

Transformez les questions pour donner des instructions comme dans l'exemple :

Ex. : Est-ce que tu as téléphoné au fournisseur ? ➜ *Téléphone-lui*
➜ *Il faut lui téléphoner*
➜ *N'oublie pas de lui téléphoner*

1) Vous avez parlé au directeur ?

➜ ....

➜ ....

➜ ....

2) Est-ce qu'ils ont expliqué le programme de visite au client ?

➜ ....

➜ ....

➜ ....

3) Avez-vous demandé le badge aux visiteurs ?

➜ ....

➜ ....

➜ ....

4) Est-ce que tu peux m'envoyer les nouveaux tarifs ?

➜ ....

➜ ....

➜ ....

5) As-tu posé la question à la comptable pour le problème de la facture ?

➜ ....

➜ ....

➜ ....

6) Avez-vous proposé une formation aux assistantes ?

➜ ....

➜ ....

➜ ....

7) Peux-tu écrire une lettre de convocation aux candidats ?

➜ ....

➜ ....

➜ ....

8) Est-ce que vous pouvez me communiquer vos coordonnées ?

➜ ....

➜ ....

➜ ....

Mémo

■ *Le pronom complément d'objet indirect se place :*
– *après le verbe à l'impératif affirmatif* ➜ Téléphonez-lui
– *avant le verbe à l'infinitif* ➜ Lui téléphoner
– *avant le verbe à l'impératif négatif* ➜ Ne lui téléphonez pas.

COMPRENDRE

Outils ling. n° 4
p. 126

11. LE JEU DE L'INCONNU

Dites de quelle personne on parle.

1) Vous lui demandez une augmentation.
2) Vous leur préparez un programme de visite.
3) Vous lui confirmez votre rendez-vous.
4) Vous lui offrez un pot de départ.
5) Vous lui téléphonez pour une réservation d'hôtel.
6) Vous leur faites passer un entretien d'embauche.

a) à la réceptionniste.
b) au collègue qui part à la retraite.
c) aux clients étrangers.
d) à la directrice des ressources humaines.
e) aux candidats à un emploi.
f) à l'assistante.

1	2	3	4	5	6
......	......	......	......	......	......

C | Avis au personnel !

COMMUNIQUEZ

Retenez p. 124

12. QUE D'INTERDICTIONS !

a) Indiquez le lieu où on peut trouver les panneaux d'interdiction suivants :
un magasin, une entreprise, dans la rue, dans un avion.

1)

2)

3)

4)

5)
6)

7)

8)

b) Construisez 8 phrases avec : *il est interdit de, vous ne devez pas, vous ne pouvez pas,*
... n'est pas accepté, ... est interdit(e).

....

....

....

....

....

GRAMMAIRE

Outils ling. n° 3
p. 126

13. RÈGLEMENT INTÉRIEUR

■ Les formes impersonnelles

Le règlement intérieur fixe les *obligations* et les *interdictions* des employeurs et des employés.
Réécrivez les phrases avec « *il faut* » ou « *il est interdit de* » avec la forme impersonnelle qui
convient comme dans l'exemple :

Ex. : Suivre les instructions de la hiérarchie : ➜ Il faut suivre les instructions de la hiérarchie.

1) Être à son poste de travail aux heures fixées : ➜ ....

2) Introduire des personnes étrangères à l'entreprise : ➜ ....

3) Observer les mesures d'hygiène et de sécurité : ➜ ....

4) Entrer dans l'établissement en état d'ébriété* : ➜ ....

5) Emporter des objets qui appartiennent à l'entreprise : ➜ ....

6) Faire attention au matériel : ➜ ....

7) Dire les secrets de fabrication : ➜ ....

8) Utiliser les voitures de service pour des trajets personnels : ➜ ....

* en état d'ébriété : une personne qui a bu beaucoup d'alcool.

D Un programme de visite

GRAMMAIRE

Outils ling. n° 2
p. 126

14. PARTAGE DES TÂCHES

■ Le futur simple

Conjuguez les verbes au futur simple.

1) Il .... (aller) chercher les clients à l'aéroport.

2) J'........................ (appeler) le restaurant pour réserver une table.

3) Je .... (recevoir) les clients au restaurant.

4) Ils .... (obtenir) des renseignements sur le marché.

5) Elle .... (envoyer) une convocation à tous les commerciaux.

6) Vous .... (venir) tous à la réunion.

7) Nous .... (prendre) des notes.

8) Je .... (faire) un compte rendu.

9) Vous .... (devoir) raccompagner les clients à l'hôtel.

10) Tu .... (payer) la note d'hôtel.

Mémo

■ Le *futur
simple* est
formé à partir
de l'infinitif.
Attention !
Il y a
des verbes
irréguliers.

COMPRENDRE

Outils ling. n° 2
p. 126

15. CONSEILS D'AMI

■ Le futur simple

a) Trouvez l'infinitif des verbes et dites à quelle personne s'adressent ces recommandations.

**Quelle est
la personne ?**

1) *Tu t'habilleras bien.* → *s'habiller*

Tu répondras aux questions du recruteur. → ....

Tu feras bonne impression. → ....

Et tu auras le poste ! → ....

2) Tu conduiras lentement. → ....

Tu mettras ta ceinture de sécurité. → ....

Tu ne boiras pas d'alcool. → ....

Et tu seras sain et sauf ! → ....

3) Tu accueilleras les clients avec le sourire. → ....

Tu sauras bien les renseigner. → ....

Tu verras leur satisfaction. → ....

Et tu pourras faire une bonne vente ! → ....

4) Tu ne devras pas arriver en avance. → ....

Tu ne t'assoiras pas avant la maîtresse de maison. → ....

Tu ne mangeras pas avec les doigts. → ....

Et tu reviendras pour dîner ! → ....

COMMUNIQUER

b) Rédigez quatre recommandations.

1) À un nouveau collègue

– ....

– ....

– ....

– ....

2) À un étudiant

– ....

– ....

– ....

– ....

3) À un touriste

– ....

– ....

– ....

– ....

GRAMMAIRE

Outils ling. n° 7
p. 127

16. UN MOMENT, S'IL VOUS PLAÎT.

■ Le présent continu

Répondez aux questions. Utilisez *être en train de* et les pronoms personnels *le, la, l', les* comme dans l'exemple :

Vous avez terminé le rapport ? ➜ *Non, mais je **suis en train de le** terminer.*

Mémo

■ *Le pronom personnel complément d'objet direct est placé avant le verbe à l'infinitif.*

1) Le réparateur a dépanné mon ordinateur ? ➜ Non, mais ....

2) Est-ce que tu as lu le programme du concert ? ➜ Non, mais ....

3) Avez-vous fini les rapports ? ➜ Non, mais ....

4) As-tu envoyé le courriel ? ➜ Non, mais ....

5) Est-ce que vous avez éteint votre portable ? ➜ Non, mais ....

6) Elle a déjà fait la réservation ? ➜ Non, mais ....

COMMUNIQUER

Retenez p. 125

17. PROGRAMME DE VISITE

Lisez le programme de visite.

8 h 30	Arrivée aéroport de Roissy Charles-de-Gaulle
9 h 45	Accueil de la délégation – Discours de bienvenue du Président
10 h 30	Réunion
12 h 30	Déjeuner
14 h 00	Départ avion pour Bordeaux
16 h	Visite de l'usine : ateliers de montage
17 h 30	Excursion à Arcachon : visite des parcs à huîtres
20 h 30	Dîner Château Larame
23 h	Retour à l'hôtel

Écrivez un courriel pour expliquer le programme de visite de collaborateurs de votre pays à un collègue francophone. Utilisez le futur.

Date :	Objet :
De :	
À :	

18. LES SONS [ɑ̃], [ɔ̃], [ɛ̃]

Mettez les signes [ɑ̃], [ɔ̃], ou [ɛ̃] sous les mots pour indiquer la prononciation.

Ex. : C'est un salon important.
        [ɔ̃] [ɛ̃]   [ɑ̃]

1) Lundi matin, nous avons une réunion.

....

2) Elle vient en avion.

....

3) Ils demandent un jour de congé.

....

4) Attendez un instant.

....

5) C'est le nom d'un étudiant mexicain.

....

6) Demain, ils iront au restaurant.

....

7) Nous acceptons les paiements par carte.

....

8) Elle a un grand magasin de vêtements.

....

9) Vous trouverez le document ci-joint.

....

Mémo

■ *Le son [ɑ̃] peut s'écrire* an, en, am, em *(devant p ou b).*
■ *Le son [ɔ̃] peut s'écrire* on *ou* om *(devant p ou b ou à la fin de certains mots comme* nom*).*
■ *Le son [ɛ̃] peut s'écrire* in, ain, ein *ou en après – i ou – é à la fin d'un mot. Attention ! La lettre* n *devient* m *devant* b *ou* p.

A | Je voudrais ouvrir un compte

VOCABULAIRE

Vocabulaire p. 132

1. QUE DE PAPIERS !

a) Reliez les expressions.

1) Un carnet •   • **a)** de loyer

2) Une carte •   • **b)** d'électricité

3) Une facture •   • **c)** de chèques

4) Un justificatif •   • **d)** d'identité bancaire

5) Une pièce •   • **e)** de crédit

6) Une quittance •   • **f)** de domicile

7) Un relevé •   • **g)** d'identité

b) Classez les expressions. Notez les numéros.

Documents personnels	Documents bancaires
....	....

VOCABULAIRE

Vocabulaire, pp. 132 et 133

2. OPÉRATIONS BANCAIRES

Complétez le tableau avec des verbes et des noms.

un renseignement	....
....	débiter
une ouverture de compte	....
....	virer
une consultation	....
une connexion	....
un retrait	....
un règlement	....
....	acheter
un crédit	....
....	payer
un prêt	....

GRAMMAIRE

Retenez p. 133 et Outils ling. n° 1 p. 140

Mémo

■ Je veux parler au directeur ➜ *(présent de l'indicatif = une volonté,)*

■ Je voudrais parler au directeur ➜ *(conditionnel = demande polie ou souhait.)*

GRAMMAIRE

Outils ling. n° 1 p. 140

3. SOUHAITS ET DEMANDES

■ Le conditionnel : pour exprimer un souhait ou une demande

Mettez les verbes à la forme correcte.

1) (Pouvoir)-vous m'indiquer où il y a un distributeur de billets ? ....

2) Vous (avoir) votre dernier bulletin de paie ? ....

3) Je (vouloir) 200 € en espèces. ....

4) Nous (aimer) connaître vos conditions d'ouverture de compte. ....

5) Tu (pouvoir) attendre un instant ? ....

6) Tu (avoir) 50 euros à me prêter ? ....

7) Je (souhaiter) obtenir un crédit. ....

8) Vous (être) gentille de me recevoir. ....

9) Ce (être) possible d'avoir un rendez-vous aujourd'hui ? ....

10) Nous (être) intéressés par votre offre de prêt. ....

4. VOTRE OFFRE NOUS INTÉRESSE

■ Le conditionnel

Complétez la lettre de demande de renseignements avec des formules de politesse et les verbes *souhaiter, vouloir, être, pouvoir, avoir, aimer*.

Messieurs,

Nous .... intéressés par votre offre de prêt et nous .... avoir des renseignements complémentaires.

Nous .... rénover nos bureaux et nous .... besoin d'emprunter de l'argent. ....-vous nous communiquer vos conditions pour obtenir un prêt ?

Nous .... une réponse rapide.

Veuillez agréer, Messieurs, nos salutations distinguées.

Patouche Associés

5. UNE OFFRE EXCEPTIONNELLE

Lisez le document suivant et répondez aux questions.

Chère Madame,

Aéroport de Mexico. Réception des bagages. Votre valise n'est pas là !

Dans cette situation, on aimerait avoir une bonne assurance....

Avec la carte *Agro premier*, vous bénéficiez d'une garantie sur vos bagages (retard, perte, vol) et d'une assurance pour vos voyages.

Votre carte vous offre aussi des capacités élevées de paiement et de retrait.

Vous êtes cliente d'Agrobanque, nous vous avons réservé une offre exceptionnelle :

**50 % de réduction
sur le prix de votre carte Agro premier la 1re année**

Pour obtenir votre carte, complétez et retournez le coupon-réponse dans l'enveloppe avant le 30 juin.

En vous remerciant de votre confiance, je vous prie d'agréer, chère Madame, mes salutations distinguées.

M. Lupi
Le directeur d'agence

PS : Participez au grand jeu et gagnez un séjour à Mexico.

---

1) C'est :
a) ❑ une page de catalogue.
b) ❑ une lettre de vente.
c) ❑ une invitation.

2) L'expéditeur est :
a) ❑ une compagnie aérienne.
b) ❑ une compagnie d'assurance.
c) ❑ une banque.

3) Le destinataire est :
a) ❑ une nouvelle cliente.
b) ❑ une ancienne cliente.
c) ❑ une mexicaine.

4) On propose :
a) ❑ d'acheter une carte de crédit moins cher.
b) ❑ de voyager moins cher.
c) ❑ de prendre une assurance à 50 %.

5) Pour répondre, il faut :
a) ❑ écrire une lettre.
b) ❑ envoyer de l'argent.
c) ❑ remplir un formulaire.

6) Vous pouvez :
a) ❑ répondre au mois de juillet.
b) ❑ jouer pour gagner des vacances gratuites.
c) ❑ voyager au Mexique à moitié prix.

B Vous avez mal où ?

6. QUI FAIT QUOI ?

Cochez dans la bonne case.

	a) Le malade	b) Le médecin
1) Il ausculte.	❑	❑
2) Il tousse.	❑	❑
3) Il avale.	❑	❑
4) Il prescrit.	❑	❑
5) Il examine.	❑	❑
6) Il rédige une ordonnance.	❑	❑
7) Il fait un prélèvement.	❑	❑
8) Il vomit.	❑	❑

COMPRENDRE

Retenez p. 135

7. DES NOTICES À LIRE

Voici des extraits de notices de médicaments. Faites correspondre les situations et les notices.

Notice 1	Notice 2	Notice 3	Notice 4

Notice 1

Comprimés effervescents

Indications :
– états grippaux
– douleurs dentaires
– migraine

Notice 2

Comprimés

Indications :
– angines

Notice 3

Comprimés

Indications :
– traitement des diarrhées

Notice 4

Bande adhésive élastique

Bande adhésive élastique
Indications :
– traumatologie du sport (entorses, tendinites, déchirures, ...)

a) Vous avez mal à la cheville : notice n° ......

b) Vous avez mal aux dents : notice n° ......

c) Vous avez mal au ventre : notice n° ......

d) Vous avez mal à la gorge : notice n° ......

COMMUNIQUER

Dialogue p. 134

8. TOUT VA BIEN

Vous avez besoin d'un certificat médical pour vous inscrire à votre club de sport. Retrouvez l'ordre du dialogue.

a) – Non, tout va bien.

b) – Bien, déshabillez-vous. Je vais vous ausculter.

c) – Non, juste un rhume cet hiver. Rien de grave.

d) – C'est à qui ?

e) – J'aurais besoin d'un certificat médical pour m'inscrire à mon club de sport.

f) – C'est à moi, docteur

g) – Oui, bonjour monsieur.

h) – Vous avez été malade cette année ?

i) – Bonjour docteur.

j) – Entrez, je vous prie. Asseyez-vous. ... Alors, qu'est-ce qui vous amène ?

k) – Je me suis cassé le poignet, il y a plusieurs années.

l) – Bien. Quels sports pratiquez-vous ?

m) – Non, j'ai arrêté.

n) – Vous avez des problèmes de santé ?

o) – Je fais de l'aérobic et de la natation.

p) – Vous avez déjà eu des maladies, des opérations ?

q) – Vous fumez ?

1	d
2	
3	
4	
5	
6	
7	
8	
9	
10	
11	
12	
13	
14	
15	
16	
17	

GRAMMAIRE

Outils ling. n° 2 p. 140, Repères culturels, p. 142

9. EN AVOIR OU PAS

■ Pour éviter les répétitions : le pronom *en*

Mettez en relation les questions et les réponses.

a) Tu as assez d'argent ?

b) Vous avez de la monnaie ?

c) Tu as une feuille de soins ?

d) Vous avez un cachet d'aspirine ?

e) Tu as une ordonnance ?

f) Vous avez une carte vitale ?

g) Tu as un billet à me prêter ?

h) Vous avez des espèces ?

• 1) Oui, j'en ai.

• 2) Oui, j'en ai assez.

• 3) Oui, j'en ai un.

• 4) Oui, j'en ai une.

10. À VOUS DE CHOISIR !

■ Les pronoms *y* et *en*

Lisez les phrases. *Y* ou *en* remplacent une expression. Cochez l'expression qui convient.

1) J'**y** vais pour acheter des médicaments.
a) ❏ avec une ordonnance   **b)** ❏ à la pharmacie   **c)** ❏ les prescriptions

2) Vous **en** prenez pour dormir.
a) ❏ des somnifères   **b)** ❏ dans un lit   **c)** ❏ le calme

3) J'**en** fais tous les jours pour être en forme.
a) ❏ la gymnastique   **b)** ❏ de la marche   **c)** ❏ au tennis

4) Tu **y** vas pour retirer de l'argent.
a) ❏ des billets de banque   **b)** ❏ la banque   **c)** ❏ au distributeur

5) Vous **en** buvez beaucoup trop !
a) ❏ le thé   **b)** ❏ au café   **c)** ❏ de l'alcool

11. JEU DE MOTS

a) Trouvez le mot qui correspond à la phrase.

1) Elle en prend quand elle est malade. ➜ ....

2) Elle en donne un au serveur. ➜ ....

3) Il en cherche quand on lui demande de la monnaie. ➜ ....

4) Il en rédige un pour payer le pharmacien. ➜ ....

5) Elle en prend un pour dormir. ➜ ....

6) Il en prescrit deux cuillères pour le mal de gorge. ➜ ....

7) Il en rédige une pour prescrire les médicaments. ➜ ....

8) Il en ouvre un à la banque. ➜ ....

Mémo

EN
■ *Attention : ne pas confondre :*
en *préposition* ➜ Je vais **en** France **en** avion.
en *pronom personnel* ➜ Du sport, j'**en** fais.
en = *pour une quantité* ➜ J'ai acheté <u>un</u> journal ➜ j'**en** ai acheté un.

Attention : il faut préciser la quantité, après le verbe : J'en ai acheté <u>un</u>.
Quand il n'y a pas d'idée de quantité, on utilise le / la / l' *ou* les :
J'ai acheté le / mon / ce journal ➜ je l'ai acheté.

b) À vous de rédiger quatre phrases sur le même modèle pour les mots suivants :
de la natation, du café, des billets d'avion, une voiture, un ordinateur.

....
....
....
....
....
....

12. LES MAUX DU BUREAU

Lisez le texte.

Vous passez 8 heures par jour assis face à l'ordinateur ou debout toute la journée ! Mal aux yeux, mal au dos, mal aux jambes... comment éviter tous ces maux* ?
Quand vous travaillez à l'ordinateur, préférez des éclairages indirects comme une lampe de bureau. L'écran doit être placé à 50 centimètres de vous et votre clavier à une distance de 10 à 15 centimètres du bord de la table. Travaillez avec les coudes à angle droit et évitez de plier les poignets. Choisissez une souris adaptée à la taille de votre main.
Installez-vous dans un fauteuil confortable : un mauvais siège contracte les muscles de la nuque, des épaules et du dos. Après une heure de travail à l'écran, prenez 10 minutes pour faire quelque chose d'autre. Être debout toute la journée fatigue et entraîne des douleurs dans les jambes, le dos et le cou. Cela peut aussi créer des problèmes dans les hanches, les genoux et les pieds. Pensez à marcher et à plier les genoux. Portez des chaussures avec un petit talon (2-3 cm). Faites des pauses assises et buvez beaucoup d'eau !

* un mal / des maux

Mémo

■ *Pluriel des noms en* **ou**
un cou → des cous
Attention :
un genou → des genoux
un bijou (des bijoux),
un chou (des choux).

a) Relevez les mots qui désignent les parties du corps et classez-les dans le tableau.

La tête	Le corps	Les membres
....	....	....
....	....	....
....	....	....
....	....	....

Mémo

■ Avoir mal à... *(+ partie du corps)*
avoir une / des douleur(s) à... *(+ partie du corps)*
Attention à la contraction des articles :
à + le = au
à + les = aux

b) Écrivez le mot avec l'article qui convient dans les phrases.

1) Quand on travaille trop à l'ordinateur, on a mal .... et à ....

2) On a aussi des douleurs .... , ... et ....

3) Quand on reste longtemps debout, on a mal .... ,

.... et .... sont lourdes.

c) Faites correspondre les conseils avec la partie du corps qui convient (plusieurs réponses).

1) Porter des chaussures à talon bas :   **a)** Les yeux

2) Marcher et fléchir les genoux :   **b)** Le dos

3) S'éclairer avec des lumières douces :   **c)** La main

4) Choisir un siège confortable :   **d)** Les pieds

5) Ne pas serrer trop fort la souris de l'ordinateur :   **e)** Les jambes

1	
2	
3	
4	
5	

13. DE LA TÊTE AUX PIEDS

Que signifient ces expressions ? Trouvez la bonne définition.

1) En avoir plein le dos :

a) Être face à face avec une personne.

2) Se lever du pied gauche :

b) En avoir assez, être excédé.

3) Se trouver nez à nez :

c) Coûter très cher.

4) Coûter les yeux de la tête :

d) Être de mauvaise humeur le matin.

5) Avoir un poil dans la main :

e) Être paresseux.

C | C'est encore en panne !

14. QUE DE CATASTROPHES !

Complétez les phrases avec les mots suivants : *anomalie, cassé(e), bouché(e), bruit, coincé(e), court-circuit, dangereux(se), défectueux(se), en panne, réglage, taché(e).*

1) J'ai fait tomber la lampe et elle est ....

2) Le dépanneur a renversé de l'huile sur la moquette et maintenant elle est ....

3) Le lave-vaisselle fait beaucoup de .... : il est très bruyant.

4) L'imprimante fonctionne mal, c'est anormal. Il y a des ....

5) Le chauffage a un mauvais .... : il fait beaucoup trop chaud.

6) L'ordinateur présente un grave défaut : il est ....

7) Le moteur s'est arrêté et la voiture est ....

8) Il y a de l'eau partout parce que le lavabo est ....

9) Je me suis .... le doigt dans la porte et il est tout bleu !

10) La prise électrique est ouverte : c'est ....

11) L'électricité a sauté quand j'ai branché la télévision : il y a eu un ....

COMMUNIQUER

p. 136

15. LE CLIMATISEUR EST EN PANNE !

Complétez les phrases et réécrivez la lettre de réclamation dans le bon ordre.

Objet : Demande d'intervention

Monsieur le Directeur,

1) Le climatiseur installé par votre société présente ...
2) Ce climatiseur ne marche pas : ...
3) Les clients ne sont pas contents ...
4) Nous souhaiterions avoir la visite de votre technicien ...
5) Nous attendons ...
6) Veuillez agréer, Monsieur le directeur, ...

a) nos salutations distinguées
b) votre rapide intervention
c) des problèmes de fonctionnement
d) il ne refroidit pas le magasin
e) parce qu'ils ont trop chaud
f) pour réparer l'anomalie.

....

COMPRENDRE

16. UN SERVICE APRÈS-VENTE PERFORMANT

Lisez la lettre et répondez aux questions. Cochez la bonne réponse.

Madame, Monsieur,

Votre chauffe-eau électrique doit être régulièrement vérifié pour garantir une bonne utilisation et éviter des problèmes (bruit anormal, fuite d'eau, etc.).

Notre service après-vente vous propose :

– La visite de la cuve : vidange de l'appareil, vérification du fonctionnement

– Le contrôle technique : circuit électrique, sécurité, ...

Un tarif de groupe est accordé à tous les habitants de votre immeuble :

70 euros TTC

Vous pouvez bénéficier de cette offre en nous retournant la carte d'entretien par courrier ou par télécopie ou sur notre site www.cuvorplus.fr.

Nous vous communiquerons votre rendez-vous par courrier.

Dans l'attente de vous rencontrer, recevez, Madame, Monsieur, nos salutations distinguées.

Le responsable du service clients

1) C'est :
a) ❑ une lettre de réclamation.
b) ❑ une demande d'intervention.
c) ❑ une offre de service.

2) L'expéditeur de la lettre écrit parce que :
a) ❑ l'appareil est en panne.
b) ❑ l'appareil doit être contrôlé.
c) ❑ l'appareil est défectueux.

3) 70 euros est le prix :
a) ❑ pour le déplacement du technicien.
b) ❑ pour une vérification de l'appareil.
c) ❑ sans les taxes.

4) On vous propose de :
a) ❑ téléphoner.
b) ❑ choisir un jour et une heure de rendez-vous.
c) ❑ contacter un site Internet.

GRAMMAIRE

*Outils ling. n° 4
p. 141*

17. MODE D'EMPLOI

■ Le gérondif

Complétez les phrases avec le bon verbe. Utilisez le gérondif.
appeler, appuyer, boire, brancher, choisir, faire, mettre, introduire, remplir, sucer.

1) .... ce comprimé, vous n'aurez plus mal à la gorge.

2) Vous n'aurez pas de douleurs dans les jambes .... beaucoup d'eau.

3) Il obtiendra l'adresse d'un dépanneur .... les renseignements.

4) Vous n'aurez plus mal au dos .... un fauteuil confortable.

5) Tu laisses passer le courant .... la prise électrique.

6) Vous mettez le photocopieur en marche .... sur le bouton.

7) .... du sport régulièrement, tu n'auras pas de problème de santé.

8) .... l'écran de l'ordinateur à 50 cm, elle n'aura plus mal aux yeux.

9) Vous recevrez une documentation .... le formulaire.

10) Vous retirerez de l'argent dans le distributeur .... votre carte de crédit.

D Déclaration de vol

COMPRENDRE

18. APPELS À TÉMOINS

a) Faites correspondre chaque description à la bonne personne.

1) Il est grand, avec une moustache et des cheveux bruns.
   Il porte une casquette et un blouson vert.

2) Elle est petite avec de longs cheveux blonds.
   Elle a un sac en cuir qu'elle porte à l'épaule.
   Elle a un tailleur avec un foulard autour du cou.

3) C'est un homme âgé. Il est petit, gros et chauve.
   Il est vêtu d'un costume noir élégant.

4) Elle porte des lunettes noires et des chaussures à talon.
   Elle est grande et frisée. Elle a une veste avec un jean.

5) Il est jeune et petit avec des cheveux frisés.
   Il porte un pull rayé avec un pantalon sport.

1	
2	
3	
4	
5	

COMMUNIQUER

b) Vous écrivez un courriel à votre collègue francophone qui doit aller chercher un client à l'aéroport. Vous décrivez votre client.

Date :	Objet :
De :	
À :	

....
....
....
....

COMMUNIQUER

Retenez p. 139

19. OBJETS TROUVÉS

Décrivez les objets trouvés.

....
....
....
....
....
....
....
....

GRAMMAIRE

*Outils ling. n° 3
p. 140*

20. FAITS DIVERS

■ Pour raconter : le passé et l'imparfait

Transformez les témoignages au passé. Utilisez le passé composé et l'imparfait.

1) J'...................... (être) à mon bureau quand je / j' .... (entendre)
un grand bruit. Je / j'.................... (courir) et je / j'.................... (ouvrir) la fenêtre.
Je / j' .... (voir) une voiture qui .... (partir)
et un jeune homme allongé par terre avec du sang sur le visage. Quand l'ambulance
.... (arriver), un médecin .... (s'occuper) déjà du blessé.

2) Nous .... (faire) la queue au guichet de la banque. Il y .... (avoir)
beaucoup de monde. Deux hommes .... (entrer). Ils .... (porter)
des casquettes et des lunettes noires. Tous les clients .... (crier).
Ils .... (dire) aux clients de s'asseoir par terre. Ils .... (aller)
vers le guichet et ils .... (demander) la caisse. L'employé .... (trembler)
de peur. Elle .... (donner) l'argent. Les deux hommes ....
(sortir) en courant.

3) Ma femme .... (prendre) de l'argent au distributeur quand un homme
.... (arriver). Il .... (s'arrêter). Quand ma femme ....
(mettre) ses billets dans son porte-monnaie, l'homme .... (arracher) le porte-
monnaie et .... (s'enfuir). Elle .... (avoir) tous ses papiers
dans son porte monnaie. Après, elle .... (aller) à la banque pour faire
opposition sur sa carte bancaire.

21. TÉMOIGNAGES

Vous avez été témoin d'un de ces trois événements. Racontez ce qui s'est passé.

1)

2)

3)

. . . .

. . . .

. . . .

. . . .

. . . .

. . . .

. . . .

. . . .

. . . .

22. LES HOMOPHONES LEXICAUX

Complétez les phrases avec le mot juste, puis lisez-les.

1) Doigt ou doit ?

    a) Il . . . . 20 € de consultation au médecin.

    b) Il s'est fait mal au . . . . en fermant la porte.

2) Cou ou coût ?

    a) Le . . . . du dépannage est de 50 €.

    b) Tournez le . . . . à droite et à gauche. Ca vous fait mal ?

3) Verre ou vert ?

    a) Tu la reconnaîtras, elle porte un manteau . . . .

    b) Bois un . . . . d'eau pour avaler ton comprimé.

4) Taux ou tôt ?

    a) Le . . . . d'intérêt bancaire est de 4,1 %.

    b) Je me lève . . . . , vers 6 h 30.

5) Tache ou tâche ?

    a) Tu as fait une . . . . sur ta cravate.

    b) Le chef d'atelier distribue les . . . . aux ouvriers.

Compréhension des écrits

EXERCICE 1

Lisez le programme de sorties

Côté Sorties

a)

Théâtre
« L'enfant sur la montagne »
L'histoire d'un enfant monté sur le dos de sa grand-mère et qui visite le monde.
◎ 20 h 30 salle de l'Atrium ◎

b)

Concert de chant choral
pour aider les enfants
du village de Toma en Afrique.
◎ 21 h • église Saint-Charles ◎

c)

Danse • Flamenco et Tango •
Par la compagnie Urieta
◎ 21 h • Théâtre du Versant ◎

d)

◎ Exposition permanente ◎
Artiste peintre, Marie DARROZE présente ses œuvres au restaurant du golf du Phare.

e)

Exposition de tableaux et dessins
◎ Musée Bonnat ◎

f)

Célibataires
Film français réalisé
par Bruno CHICHE
◎ Le Rex ◎
Séances
18 h, 20 h 30 et 22 h 30

g)

Dimanche 12 / 03
Saint-Jean-de-Luz
◎ Course à pied ouverte à tous ◎
Inscription à l'office du tourisme
14 h 30 départ et arrivée devant la gare.

Inscrivez dans le tableau la (ou les) lettres correspondant aux phrases 1 à 5.

1) On peut voir de la danse dans un théâtre.	
2) On peut participer pour faire du sport.	
3) On peut admirer des tableaux en déjeunant.	
4) On peut aller au cinéma après dîner.	
5) On peut écouter de la musique.	

EXERCICE 2

Lisez les titres de journaux et écrivez le chiffre qui correspond à la rubrique.

1) Nouvelle baisse des taux d'intérêt.
2) Automobile : les ventes de voiture à l'étranger ont augmenté de 20 %.
3) Art contemporain : inauguration du musée d'art moderne.
4) Un patient revit avec le cœur d'un autre.
5) L'aéroport Roissy-Charles-de-Gaulle s'agrandit.
6) Le nombre de demandeurs d'emploi continue de baisser.

Transport	Exportations	Secteur bancaire	Marché du travail	Santé	Culture

EXERCICE 3

Lisez le texte et répondez aux questions.

« Je lisais dans le métro quand on m'a volé mon sac à main en octobre » raconte Elisabeth PRAT, 51 ans salariée dans une compagnie d'assurance dans la région parisienne. J'y avais mes clés et des papiers avec mon adresse. Je suis allée chez mon fils qui habite à proximité de mon domicile et j'ai cherché les coordonnées d'un professionnel dans l'annuaire téléphonique pour ouvrir ma porte. J'avais très peur que des voleurs arrivent chez moi et ouvrent ma porte avec mes clés. J'ai appelé le premier dépanneur que j'ai trouvé pour changer ma serrure*. Sur place, le professionnel m'a dit que ça me coûterait 1 000 €. J'ai pensé que cela était très cher (selon deux sociétés contactées par le journal, l'intervention devait coûter 500 €). Je l'ai dit au professionnel, mais j'ai accepté parce que je n'avais pas le choix. J'étais dans une situation urgente. Mon assurance ne m'a pas remboursée. J'ai dû tout payer. »

INTERVIEW RECUEILLIE PAR A.L.

* L'endroit où on met la clé pour ouvrir une porte.

a) Cochez (☒) la bonne réponse.

1) C'est

a) une déclaration faite à une compagnie d'assurance. ☐

b) une déclaration de vol faite à la police. ☐

c) une interview faite pour un journal. ☐

2) Elisabeth

a) travaille. ☐

b) ne travaille pas. ☐

c) est une employée du métro. ☐

3) Le fils d'Elisabeth habite

a) chez elle. ☐

b) à côté de chez elle. ☐

c) loin de chez elle. ☐

b) Cochez la colonne vrai ou faux. Justifiez votre réponse en écrivant une phrase du texte.

	Vrai	Faux
1) Le vol a eu lieu dans les transports en commun.	☐	☐
Justification :		
2) Elle a appelé un professionnel pour réparer la porte cassée par les voleurs.	☐	☐
Justification :		
3) Elle a payé deux fois plus cher que le prix réel.	☐	☐
Justification :		
4) Elle a discuté le prix.	☐	☐
Justification :		
5) L'assurance a payé le changement de serrure.	☐	☐
Justification :		

Production écrite

Vous séjournez en France et vous avez rencontré un problème (vol, panne, accident, maladie, ...) mais vous avez trouvé une solution. Vous écrivez une lettre à un(e) ami (e) francophone et vous racontez votre aventure.
Vous écrivez un texte de 60 à 80 mots.

....
....
....
....
....
....

Production orale : monologue suivi

CONTENU DE L'ÉPREUVE

Vous répondez aux questions de l'examinateur. Ces questions portent sur vous, vos habitudes, vos activités, vos goûts... L'épreuve dure environ deux minutes.
Vous recevez des collègues francophones dans votre pays. Vous faites un petit discours de bienvenue et vous parlez de votre pays. Vous dites pourquoi vous aimez votre pays. Vous conseillez des lieux à visiter et des sorties. Vous dites ce que les gens font pendant leur temps libre et vous parlez des habitudes culturelles. Vous faites des recommandations et vous dites ce qu'il faut faire et ce qu'il ne faut pas faire.

UNITÉ 1, p. 4

1. Enchantée ! : 4 – 3 – 1 – 5 – 2

2. Présentations : **1)** suis – **2)** est – **3)** sont – **4)** êtes – **5)** est – **6)** sont

3. Identités : **1)** Je – **2)** Il – **3)** Elles – **4)** Nous – **5)** Elle – **6)** Vous

4. Salutations : **1)** ça va – je vais / tu vas ; **2)** comment allez-vous – Nous allons / vous allez

5. Conversations : **1)** tu vas – Je vais ; **2)** Comment s'appelle – Il s'appelle / Il est ; **3)** Vous êtes – je m'appelle

6. Cartes de visite :
1) Murielle Barque, coiffeuse, dessin **f)**
2) Jacques Douté, avocat, dessin **c)**
3) Gabrielle Lounier, serveuse, dessin **e)**
4) Loïc Briand, pharmacien, dessin **b)**
5) Gilles Farès, présentateur, dessin **h)**
6) Sabine Pitavy, informaticienne, dessin **d)**
7) Didier Tournon, infirmier, dessin **a)**
8) Virginie Marin, actrice, dessin **g)**

7. Demande d'informations :
Questions sur l'identité : 1 – 3 – 7
Questions sur la nationalité : 2 – 6
Questions sur la profession : 4 – 5

8. Genre : 1) des – **2)** une – **3)** un – **4)** des – **5)** un – **6)** un – **7)** des – **8)** un – **9)** un – **10)** une – **11)** une – **12)** des – **13)** une – **14)** des – **15)** une

9. Interrogatoire : a) 4 – **b)** 5 – **c)** 2 – **d)** 3 – **e)** 1

10. Savoir vivre :
Dialogue 1 : – Un formulaire **s'il vous plaît**. – **Merci** beaucoup. **Au revoir**, Madame.
Dialogue 2 : – **Bonjour**, Mademoiselle. Comment allez-vous ? – Je vais bien, **merci**.

11. Mots croisés :
a)

	p								
	o		a	n	g	l	a	i	s
	r		l						u
i	t	a	l	i	e	n			i
	u		e		s				s
	g		m		p				s
	a		a		a				e
	i		n		g				
	s		d	a	n	o	i	s	
					o				
			b	e	l	g	e		

b)

Pays	Adjectif féminin	Adjectif masculin (même prononciation)	Adjectif masculin (prononciation différente)
Angleterre	anglaise		anglais
Allemagne	allemande		allemand
Belgique	belge	belge	
Danemark	danoise		danois
Espagne	espagnole	espagnol	
Italie	italienne		italien
Portugal	portugaise		portugais
Suisse	suisse	suisse	

12. Personnel international : 1) Un – **2)** Une – **3)** Une – **4)** Un – **5)** Un – **6)** Une – **7)** Une – **8)** Un

13. Tout faux :

> Nom : **Benett**
> Prénom : **Myriam**
> Nationalité : **Américaine**
> Situation de famille : **Divorcée**
> Profession : **Informaticienne**
> Adresse : **34, rue de Volvic. 26320 Saint-Marcel**
> Employeur : **Société Syntaxe**

14. Dates : 1) 8 mai 1996 – **2)** 29 décembre 2003 – **3)** 4 mars 1984 – **4)** 22 octobre 2000 – **5)** 14 février 1979 – **6)** 25 août 2006

15. Le mot de trop : 1) ~~profession~~ – **2)** ~~nationalité~~ – **3)** ~~date de naissance~~ – **4)** ~~adresse~~

16. Sondage : 1) Quelle – **2)** Quel – **3)** Quelle – **4)** Quelle – **5)** Quel – **6)** Quelle – **7)** Quelle

17. C'est à moi : 1) Mon prénom – **2)** Ma nationalité – **3)** Ma date de naissance – **4)** Mon adresse – **5)** Mon lieu de naissance – **6)** Mon passeport – **7)** Mon visa – **8)** Ma profession – **9)** Mon employeur – **10)** Ma directrice

18. Formalités : 1) 23, rue de Strasbourg 33000 Bordeaux. **2)** Non, je suis belge. **3)** Je suis médecin. **4)** Je m'appelle Frédéric Merckx. **5)** Oui **6)** Oui, c'est fmerckx arobase free point fr **7)** Ça s'écrit F R E D E R I C

19. Carnet d'adresses : 1) barth@club-internet.fr – **2)** max.dub@free.net

20. Question de relations :

Vous dites...	À une personne proche	À une personne peu connue
1) Vous avez une adresse électronique ?		X
2) Comment vas-tu ?	X	
3) Vous êtes chinois ?		X
4) Comment vous vous appelez ?		X
5) Quelle est ton adresse ?	X	
6) Quel est votre employeur ?		X
7) Je te présente ma collègue ?	X	

21. Cartes de visite : 1) b – **2)** d – **3)** a – **4)** d – **5)** c – **6)** a

22. Sigles : 1) c – **2)** d – **3)** a – **4)** f – **5)** b – **6)** g – **7)** e

UNITÉ 2, p. 12

1. Demandes polies : 1) Bonjour Mademoiselle, je voudrais un visa, s'il vous plaît ! – **2)** Pardon Monsieur, je pourrais avoir votre passeport ? – **3)** Excusez-moi Madame, quelle est votre adresse ? – **4)** Merci beaucoup pour le café ! – **5)** Je vous remercie pour la photocopie ! – **6)** Excusez-moi Julie, je voudrais le fichier, s'il vous plaît.

2. Tu ou vous ? : 1) Un coca, s'il te plaît. – **2)** Excusez-moi, vous êtes marié ? – **3)** Je te remercie pour l'invitation. – **4)** Je te présente mon père. – **5)** Je pourrais avoir un café, s'il vous plaît ? – **6)** Je suis ravie de vous connaître. – **7)** Excuse-moi, tu as un stylo. – **8)** Je vous remercie pour le visa.

3. Dans l'entreprise : 1) une – **2)** une – **3)** une / des / un / un

4. C'est au pluriel ! : 1) Mes collègues – **2)** Des entreprises – **3)** Des visas – **4)** Vos formulaires – **5)** Des dossiers – **6)** Des demandes – **7)** Mes prénoms – **8)** Des adresses – **9)** Tes fichiers – **10)** Des réunions

5. Interrogatoire : 1) avez / avons / ont / a – **2)** avez / ai – **3)** avons / as

6. Être ou pas : 1) J'ai 35 ans / je suis marié / j'ai 2 enfants – **2)** Je suis responsable de la production / j'ai beaucoup de responsabilités – **3)** J'ai une voiture / je suis satisfait

7. Le bon numéro : 47 : quarante-sept – **16 :** seize – **31 :** trente et un – **22 :** vingt-deux – **19 :** dix-neuf – **53 :** cinquante-trois – **6 :** six – **44 :** quarante-quatre

8. Questions précises : 1) habitez – **2)** suis – **3)** travaillez – **4)** suis – **5)** êtes – **6)** ai – **7)** travaille – **8)** est

9. Pays d'Europe : 1) L' – **2)** L' – **3)** La – **4)** Le – **5)** L' – **6)** La – **7)** La – **8)** L' – **9)** La – **10)** Le – **11)** La – **12)** La – **13)** Le – **14)** Le – **15)** La – **16)** La – **17)** La – **18)** Les – **19)** La – **20)** L'

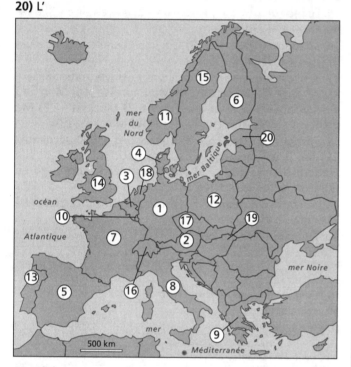

10. Globe-trotters : 1) au / à / chez – **2)** à / pour – **3)** chez / en – **4)** pour / à – **5)** à / au – **6)** en / à – **7)** au – **8)** chez / en

11. La famille : 1) ~~mère~~ – **2)** ~~grand-mère~~ – **3)** ~~petits-fils~~ – **4)** ~~frère~~ – **5)** ~~fils~~ – **6)** ~~frère~~

12. Ma famille : *Proposition de corrigé :* Je m'appelle Catherine Blanchet, j'ai 42 ans, je suis mariée. Mon mari s'appelle Bruno Castaldi, il a 45 ans. Nous avons trois enfants : un garçon et deux filles. Notre fils a 14 ans, il s'appelle Sébastien. Nos filles s'appellent Murielle et Cloé. Elles ont 11 et 7 ans. J'ai un frère, il s'appelle Mathieu, il a 37 ans et il est marié. Sa femme s'appelle Sylvie Pinaut. Elle a 33 ans. Mon père s'appelle Georges Blanchet, il a 65 ans. Ma mère s'appelle Judith Caron, elle a 63 ans.

13. Appartenance : 1) notre livre – nos dossiers – notre ordinateur – notre fiche – nos stylos – notre adresse **2)** son livre – ses dossiers – son ordinateur – sa fiche – ses stylos – son adresse **3)** mon livre – mes dossiers – mon ordinateur – ma fiche – mes stylos – mon adresse **4)** votre livre – vos dossiers – votre ordinateur – votre fiche – *vos stylos* – votre adresse **5)** *leur livre* – leurs dossiers – leur ordinateur – leur fiche – leurs stylos – leur adresse **6)** ton livre – tes dossiers – *ton ordinateur* – ta fiche – tes stylos – ton adresse

14. Domaine professionnel : 1) d – **2)** f – **3)** e – **4)** a – **5)** b – **6)** c

15. Des goûts et des couleurs : a) 1) adorer – **2)** aimer / apprécier – **3)** ne pas aimer / ne pas apprécier – **4)** détester **b) 1)** adorent – **2)** déteste – **3)** aimons / apprécions – **4)** adore – **5)** n'aimes pas – **6)** n'aime pas – **7)** déteste – **8)** adorent – **9)** aimez / appréciez – **10)** n'aime pas / n'apprécie pas – **11)** j'aime / j'apprécie

16. Tous les goûts sont dans la nature : 1) b / d / k / n – **2)** e / f / j / o – **3)** c / h / i / l – **4)** a / g / m

17. Goûts musicaux : 1) Lui – **2)** Vous – **3)** Toi – **4)** Elles – **5)** Elle – **6)** Moi – **7)** Nous – **8)** Eux

18. Qui est-ce ? : 1) Il s'appelle Pierre Pons, il a 45 ans, il est marié, il a trois enfants, il habite à Marseille. Il est français. Il est consultant. Il aime le tennis et le vin. Il n'aime pas les voyages et la musique classique.
2) Elle s'appelle Julia Pozzi, elle a 30 ans. Elle est célibataire, elle habite à Florence. Elle italienne. Elle est pharmacienne, elle aime les films français et la danse. Elle n'aime pas l'informatique et la musique classique.

19. Lieux et activités : a) 1) Le directeur **rencontre** les clients, l'assistante **tape** les lettres, les commerciaux **proposent** les produits, tu **consultes** ta messagerie, nous **travaillons** en équipe. **2)** Un homme **téléphone**, une femme **travaille**, des touristes **parlent** anglais, j'**écoute** de la musique. **3)** Le professeur **explique** le vocabulaire, les étudiants **posent** des questions, nous **répétons** les phrases, j'**étudie** les conjugaisons. **b) 1)** Le directeur rencontre les clients, l'assistante tape les lettres, les commerciaux proposent les produits, tu consultes ta messagerie, nous travaillons en équipe. **2)** Un homme téléphone, une femme travaille, des touristes parlent anglais, j'écoute de la musique. **3)** Le professeur explique le vocabulaire, les étudiants posent des questions, nous répétons les phrases, j'étudie les conjugaisons.

20. Désolé ! : 1) je ne parle pas russe. – **2)** ils n'habitent pas ici. – **3)** je ne travaille pas chez Monoprix. – **4)** tu ne regardes pas mes messages. – **5)** il ne dîne pas avec nous. – **6)** nous n'aimons pas le thé. – **7)** vous n'étudiez pas le dossier.

21. Caractères opposés : 1) Moi, je ne parle jamais anglais. – **2)** Toi, tu ne prépares jamais les réunions. – **3)** Elle, elle n'écoute jamais les informations. – **4)** Nous, nous ne travaillons jamais tard. – **5)** Eux, ils ne discutent jamais au restaurant. – **6)** Vous, vous ne montrez jamais vos projets.

22. Interview : 1) h – **2)** g – **3)** i – **4)** b – **5)** f – **6)** d – **7)** j – **8)** c – **9)** a – **10)** e

23. Habitudes : 1) Je vais parfois / quelquefois à la campagne. – **2)** Nous mangeons rarement au restaurant. – **3)** Ils regardent souvent la télé. – **4)** Tu n'écoutes jamais la radio. – **5)** Elle regarde rarement ses messages. – **6)** Nous ne sommes jamais malades. – **7)** Jacques parle parfois / quelquefois anglais au bureau. – **8)** Mes collègues arrivent toujours à l'heure.

24. Que faire ? :

B	U	I	T	A	F	O	N
U	F	A	I	S	O	N	S
F	A	R	F	U	N	I	F
A	F	E	O	T	T	B	E
I	C	F	R	F	A	I	R
T	U	A	A	S	T	O	A
E	M	I	S	F	A	I	T
S	A	S	O	T	I	L	E

25. Météo : 1) b – **2)** d – **3)** a – **4)** f – **5)** c – **6)** e

DELF A1, p. 21

Compréhension des écrits : 1) Faux – **2)** Faux – **3)** Faux – **4)** Vrai – **5)** On ne sait pas – **6)** Faux – **7)** Vrai – **8)** On ne sait pas – **9)** Faux – **10)** Vrai

Production écrite :
M.   Nom : Mérat   Prénom : Christian
Société : Publicommunication
Adresse : 36, rue Voltaire Nantes   Code postal : 44000
Pays : France
Tél : 02 40 40 65 98   Télécopie : 024040548798
Courriel : cmerat@publicom.fr
Fonction : Directeur Secteur d'activité : Communication
Département : Commercial

UNITÉ 3, p. 23

1. Vie sociale : 1) Je t'appelle lundi. – **2)** L'assistante vous téléphone. – **3)** Nous t'invitons au restaurant. – **4)** Le directeur vous écoute. – **5)** Les stagiaires te regardent. – **6)** Mickaël vous explique le dossier. – **7)** Ta collègue te présente son collègue. – **8)** Je vous parle.

2. De bonnes raisons : 1) d – **2)** a – **3)** b – **4)** e – **5)** f – **6)** c – **7)** g

3. C'est quand ? : 1) Le 24 avril, c'est un lundi. – **2)** Le 6 avril, c'est un jeudi. – **3)** Le 16 avril, c'est un dimanche. – **4)** Le 16 mai, c'est un mardi. – **5)** Le 12 juin, c'est un lundi. – **6)** Le 30 juin, c'est un vendredi. – **7)** Le 1er juillet, c'est un samedi. – **8)** Le 19 juillet, c'est un mercredi.

Précisez les jours fériés : **1)** C'est le dimanche 16 avril. – **2)** C'est le lundi 1er mai. – **3)** C'est le lundi 8 mai. – **4)** C'est le jeudi 25 mai. – **5)** C'est le vendredi 14 juillet.

4. Tu es où ? : 1) Je suis à l'aéroport. – **2)** Je suis à l'hôpital. – **3)** Je suis à la maison. – **4)** Je suis au bureau. – **5)** Je suis à la gare. – **6)** Je suis au restaurant.

5. Numéros de téléphone : 1) 02 53 28 90 03 – **2)** 06 41 89 45 57 – **3)** 06 36 19 62 96 – **4)** 05 29 16 00 80

6. Conversation téléphonique : a) 1 – **b)** 8 – **c)** 4 – **d)** 3 – **e)** 7 – **f)** 9 – **g)** 5 – **h)** 6 – **i)** 2

7. Planning chargé :

Jeudi 3 mars	Vendredi 4 mars
8 h rencontre président	8 h
9 h	9 h
10 h	10 h préparation interview
11 h	11 h
12 h	12 h
13 h	13 h
14 h Chambourcy	14 h
15 h	15 h budget
16 h réunion bureau	16 h
17 h	17 h
18 h dentiste	18 h
19 h	19 h dîner Luc et Sophie

8. Journées bien remplies : Aujourd'hui, je joue au tennis à 8 heures. Et j'ai une réunion avec l'équipe de direction à 10 heures. Je déjeune à 13 heures avec Philippe. Cet après-midi, j'étudie le dossier « Finiac » et j'ai un rendez-vous téléphonique avec M. Prion à 17 heures. Ce soir, je dîne au restaurant pour l'anniversaire de Claude. Demain matin, je prends l'avion pour Toulouse à 8 heures. À 10 heures, je rencontre les ingénieurs d'Airbus. Je visite l'usine à 14 heures et je rentre à Paris à 18 heures.

9. Rendez-vous :
Salut Gilles,
Je te **remercie** pour ton **message**. Je suis **désolée**, mais M. Dahan est **absent** pour le **moment** et je ne **peux** pas **organiser** la **réunion** avec toi. Je t'**appelle** mardi pour **fixer** une date.
À **bientôt**   Murielle

10. Possibilités : 1) peux – **2)** pouvez – **3)** peux – **4)** peut – **5)** pouvons – **6)** peuvent

11. Communication : 1) répondent – **2)** attendons – **3)** entends – **4)** réponds – **5)** attend – **6)** entendez

12. À qui ? : 1) aux – au – à l' – aux – au / à la – aux
2) à mes – à mon – à mon – à mes / des – à mon / à ma – à des / mes

13. Les mots qu'il faut : 1) b – **2)** b – **3)** a – **4)** a – **5)** a

14. Temps libre : 1) allez – **2)** regardez – **3)** allez – **4)** allez – **5)** allez – **6)** faites – **7)** visitez – **8)** visitez – **9)** écoutez – **10)** regardez – **11)** allez

15. Pour finir, il faut choisir :
Choisir : je / tu choisis – il / elle choisit – nous choisissons – vous choisissez – ils / elles choisissent
Finir : je / tu finis – il / elle finit – nous finissons – vous finissez – ils / elles finissent

16. Invitations en série :
a)

	Invitation 1	Invitation 2	Invitation 3	Invitation 4
Qui invite ?	Autoplus	Paul et Sophie	Le responsable marketing	Sarah
Qui est invité ?	Vous	Vous	Tous les collaborateurs	Franck
Quand ?	Le mercredi 18 janvier à 18 h 30	Le samedi 8 juillet à 20 heures	Le jeudi 15 mars à 15 h	Vendredi soir à 21 heures
Où ?	Au Parc des expositions Stand n° 8	Au restaurant « le bleuet »	Dans la salle de réunion	26 bd Saint-Germain Paris 6e
Pourquoi ?	L'inauguration du Salon de l'automobile	Leur mariage	Lancement du produit « Cirella »	Son anniversaire
Pour quoi faire ?	Un cocktail	Un dîner	Une réunion d'information	Une fête

b) 1) À l'occasion de la fête nationale, l'ambassadeur de France vous invite le 14 juillet à 18 heures à la projection du film « Marianne » dans les salons de l'ambassade. – 2) À l'occasion de l'ouverture du nouveau restaurant, le DRH invite tout le personnel à un apéritif dans la salle de restaurant le 10 février à 10 heures.

c) **Bonjour/Salut** Béatrice,
J'ai une **invitation** pour 2 **personnes** à un **cocktail** mercredi à 18 h 30 sur le **stand** d'Autoplus au salon de l'**automobile**. Tu **adores/aimes** les voitures alors je t'**invite**. Tu es **libre** mercredi à 18 h 30 ?
Bises, Pascal

17. Merci pour l'info ! :
Bonjour,
Je n'ai pas les coordonnées de votre employeur.
Pouvez-vous me communiquer l'adresse et le numéro de téléphone, s'il vous plaît ?
Cordialement,
Benoît

18. Règles de politesse : 1) dois – 2) devons – 3) doit – 4) dois – 5) devez – 6) doivent

19. Entre pouvoir et devoir : 1) b – 2) a – 3) a – 4) b – 5) a

20. Parlez-vous informatique ? : 1) d – 2) g – 3) c – 4) f – 5) b – 6) a – 7) e

21. Lettres muettes : 1) Nous répondons au téléphone. – 2) Je finis les fiches. – 3) Tu peux laisser un message ? – 4) Il attend un coup de téléphone. – 5) Les directeurs choisissent le logo.

UNITÉ 4, p. 32

1. Dites-moi… : 1) Où – 2) Quand – 3) Qui – 4) Quand – 5) Qui – 6) Où

2. Lieu ou choix ? : 1) ou – 2) ou – 3) Où – 4) ou – 5) où

3. Enquête de satisfaction : 1) Comment vous appelez-vous ? – 2) Où habitez-vous ? – 3) Quel âge avez-vous ? – 4) Quel métier faites-vous ? – 5) Où travaillez-vous ? – 6) Prenez-vous le train tous les jours ? – 7) À quelle gare descendez-vous ? – 8) Êtes-vous satisfait du service ?

4. C'est l'heure ! : a) 1) b – 2) e – 3) a – 4) c – 5) d
b) 1) Il est zéro heure. / Il est douze heures. – 2) Il est deux heures trente. / Il est quatorze heures trente. 3) Il est onze heures trente. / Il est vingt-trois heures trente. – 4) Il est huit heures cinq. / Il est vingt heures cinq. – 5) Il est sept heures vingt. / Il est dix-neuf heures vingt.

5. Petit service :
Brigitte,
Je vais à Nantes en **train** le 12 février. Pouvez-vous faire ma **réservation**, s'il vous plaît.
Je voudrais un billet **aller-retour**. Je souhaite avoir un **départ** le matin à 7 heures en 1re **classe**. J'ai un **abonnement** « grand voyageur » (numéro 6743). Pour le **retour**, je voudrais **partir** de Nantes à 18 heures. Merci d'avance, M. Folio

6. Départs en masse ! : 1) partons – 2) pars – 3) partez – 4) partent – 5) pars – 6) part – 7) part

7. À votre service ! : a) L'agent : 2 – 3 – 6 – 9 **Le client :** 1 – 4 – 5 – 7 – 8 **b)** 8 – 2 – 7 – 3 – 5 – 6 – 1 – 9 – 4

8. Question de volonté : 1) je veux prendre un billet. – 2) il veut vérifier. – 3) tu veux voyager. – 4) elles veulent aider. – 5) nous voulons regarder. – 6) vous voulez acheter un aller-retour.

9. Les dérivés de prendre : a) **Prendre** : un billet – le bus – le planning – l'avion ; **Apprendre** : le français – la grammaire ; **Comprendre** : le français – la grammaire – le planning
b) 1) prends – 2) apprends / comprends – 3) apprend / comprend – 4) prenons – 5) comprenez/ prenez – 6) prennent

10. D'où viennent-ils ? : 1) de France – 2) du Japon – 3) des États-Unis – 4) d'Ukraine – 5) du Vietnam – 6) de Russie – 7) des Pays Bas – 8) d'Italie – 9) du Brésil – 10) de Corée

11. Horaires d'avion : 1) d'Abidjan / de Côte d'Ivoire – 2) à Orly sud – 3) de Roissy – 4) à Athènes / en Grèce – 5) d'Agadir – 6) à 11 h 55 – 7) à Aqaba / en Jordanie – 8) des Pays Bas – 9) d'Alicante / d'Espagne – 10) 10 h 15 – 11) de Paris.

12. Boutiques et services : a) 1) c – 2) h – 3) g – 4) e – 5) b – 6) d – 7) a – 8) f

b) 1) La confiserie est **à côté de** la bijouterie. – 2) La boutique de parfums et de cosmétiques est **derrière** la boutique de souvenirs. – 3) La boutique de mode est **en face de** la confiserie. – 4) La bijouterie est **entre** la confiserie et la boutique de souvenirs. – 5) La maroquinerie est **en face de** la boutique de souvenirs est **à côté de** la libraire. – 6) Le librairie est **entre** la boutique de mode et la maroquinerie. – 7) Le bijouterie est **derrière** la boutique d'alcools et de tabac.

13. Rendez-vous :

14. Localisations : 1) e / g – 2) a / d – 3) b / h – 4) c / f

15. Demande de renseignement : a) 1) Où est la poste, s'il vous plaît ? – 2) Est-ce qu'il y a des toilettes ici ? – 3) Vous savez où est la banque ? – 4) Il y a un distributeur à côté des escaliers ? – 5) Est-ce que le café est à côté de la gare ?
b) 1) a – 2) a – 3) b – 4) b – 5) b

16. Moyens de locomotion : 1) en train – 2) en métro – 3) à moto – 4) en voiture – 5) en avion – 6) en taxi – 7) à vélo

17. Verbes croisés :

D	E	S	C	E	N	D	O	N	S

(mots croisés : DESCENDONS, DESCEND, DESCENDS, DESCENDEZ, DESCENDS, DESCENDENT)

18. Indications :
a) Bonjour Pauline,
Je te **confirme** la soirée de vendredi pour l'anniversaire d'Éric. Si tu **viens** en train, voici les indications : tu **dois** prendre le train de banlieue. Tu **vas** à la gare Montparnasse et tu **prends** un billet pour « Plaisir ». Si tu **finis** ton travail à 18 h 30, tu **peux** prendre le train de 19 h 23. Il **est** direct. À la gare de Plaisir, tu **montes** dans le bus 213. J'**habite** à 5 minutes de la gare. Tu **descends** à l'arrêt Brassens dans ma rue. Je suis au numéro 45.
À vendredi, Nicole
PS : Tu **peux** apporter une boisson si tu **veux**.
b) Bonjour Pascal et Sylvie,
Je **vous** confirme la soirée de vendredi pour l'anniversaire d'Éric. Si **vous venez** en train, voici les indications : **vous devez** prendre le train de banlieue. **Vous allez** à la gare Montparnasse et **vous prenez** un billet pour « Plaisir ». Si **vous finissez votre** travail à 18 h 30, **vous pouvez**

prendre le train de 19 h 23. Il est direct. À la gare de Plaisir, **vous montez** dans le bus 213. J'habite à 5 minutes de la gare. **Vous descendez** à l'arrêt Brassens dans ma rue. Je suis au numéro 45.

À vendredi, Nicole

PS : **Vous pouvez** apporter une boisson si **vous voulez**.

19. En déplacement : 1) arrêt / ticket / trajet / chauffeur – **2)** station / ticket / trajet / conducteur – **3)** aéroport / billet / vol / pilote – **4)** gare / billet / trajet / conducteur

20. Objectifs divers : 1) c – **2)** e – **3)** a / f / g – **4)** a / d / g – **5)** b – **6)** a / f / g – **7)** a / d / g

21. Règles : a) Les composteurs sont dans les bus, sur les quais des gares et dans les stations de métro. – **b)** Oui, quelquefois. – **c)** Non, les enfants de moins de 4 ans ne payent pas. – **d)** Non, les cartes d'abonnement sont personnelles. – **e)** Le numéro de votre carte orange. – **f)** Oui – **g)** Oui

22. Projets d'entreprise : 1) La direction va acheter de nouveaux avions. – **2)** Les hôtesses vont avoir une nouvelle tenue. – **3)** Notre compagnie va faire des bénéfices. – **4)** Nos lignes vont desservir 50 pays. – **5)** Nous allons proposer de nouvelles destinations. – **6)** Vous allez voyager moins cher. – **7)** Les vols vont être directs. – **8)** Vous allez pouvoir acheter vos billets par Internet.

23. Intervalles de temps : 1) du lundi au vendredi – **2)** d'août à octobre – **3)** d'octobre à avril – **4)** de 10 heures à 19 heures – **5)** du lundi 20 au mercredi 22, de 13 heures 30 à 23 heures

24. Élanbus.com : 1) e – **2)** h – **3)** f – **4)** c – **5)** g – **6)** a – **7)** d – **8)** b

25. Le vocabulaire du voyage : 1) guichet – **2)** billet – **3)** derrière – **4)** souhaiter – **5)** premier – **6)** horaires – **7)** métro – **8)** arrivée – **9)** aider – **10)** départ – **11)** réservation – **12)** librairie – **13)** trajet – **14)** aéroport – **15)** itinéraire

---

DELF A1, p. 43

Compréhension des écrits

Exercice 1 : 1) b – **2)** a – **3)** c, **4)** b – **5)** b

Exercice 2 : 1) M. Fabert – **2)** non – **3)** oui – **4)** non – **5)** oui – **6)** non – **7)** oui

---

UNITÉ 5, p. 45

1. Mots cachés :
1) accueil – **2)** simple – **3)** douche – **4)** services – **5)** décoration – **6)** tarif – **7)** double – **8)** chambre – **9)** étoile – **10)** triple

D	Z	S	A	C	C	U	E	I	L
E	O	I	T	H	H	V	T	R	A
C	T	M	X	E	A	S	O	N	T
O	A	P	I	Z	M	U	I	W	R
R	R	L	D	V	B	B	L	X	I
A	I	E	O	Q	R	L	E	U	P
T	F	K	U	Y	E	P	N	B	L
I	J	D	B	D	O	U	C	H	E
O	O	A	L	I	A	E	J	N	T
N	I	S	E	R	V	I	C	E	S

2. Un hôtel pour vous ! : a) L'auberge du château, grande, belle, agréable, exceptionnelle, confortable, jolie, accueillante, moderne. C'est une auberge pour vous !
b) 1) C'est un grand hôtel. – **2)** C'est un bel hôtel. –

3) C'est un hôtel agréable. – **4)** C'est un hôtel exceptionnel. – **5)** C'est un hôtel confortable. – **6)** C'est un joli hôtel. – **7)** C'est un hôtel moderne.

3. Personnel irréprochable : a) 1) belle – **2)** jeune – **3)** intelligente – **4)** gentilles – **5)** sympathiques – **6)** accueillant – **7)** jolie – **8)** souriantes – **9)** élégant – **10)** compétent – **11)** agréable – **12)** contents
b) Même prononciation du masculin et du féminin : 2 – 5 – 7 – 11
Prononciation différente du masculin et du féminin : 1 – 3 – 4 – 6 – 8 – 9 – 10 – 12

4. Nouveautés : 1) nouvelle – **2)** nouveaux – **3)** nouvelle – **4)** nouvel – **5)** nouveaux – **6)** nouveau – **7)** nouvelles – **8)** nouvelle

5. Les pieds dans l'eau : 1) b – **2)** a – **3)** c – **4)** a – **5)** c

6. C'est non stop ! : a) 1) toute – **2)** toutes – **3)** tous – **4)** toute – **5)** tous – **6)** tout – **7)** tous – **8)** tout – **9)** toute
b) Durée : Toute l'année – Toute la journée – Tout le temps – Tout l'après midi – Toute la semaine.
Fréquence : Toutes les semaines – Tous les jours – Tous les matins – Tous les mardis

7. Mission à Nantes :
a) Bonjour Adrien,
Je m'occupe de nos réservations pour notre voyage à Nantes. Je connais un hôtel dans le centre de la ville à côté d'une station de tramway. Les chambres sont confortables et l'hôtel propose un petit déjeuner continental. Il y a un jardin et un parking privé pour les clients. Les employés sont sympathiques et le service est impeccable. Est-ce que tu veux une chambre avec une connexion Internet ? J'attends ta réponse pour téléphoner.
Bonne journée, Marianne
b) Marianne parle de quelque chose de précis ou d'unique : le centre – la ville – les chambres – l'hôtel – les clients – les employés – le service
Marianne indique une catégorie ou une quantité : un hôtel – une station – un petit déjeuner – un jardin – un parking – une chambre – une connexion
c) Salut Marianne,
Merci pour ton message. Moi aussi, je connais un hôtel à Nantes. C'est l'hôtel « Novatel », il est à côté de la gare de Nantes et pas loin de la station. C'est vraiment pratique et c'est un bon hôtel. Le numéro de téléphone est le 02 86 43 83 21. Nous devons faire une proposition à Monsieur Gillot. Est-ce que tu peux envoyer un message à son assistante ? Je prépare le dossier « Axis » et j'ai un rendez-vous avec le directeur commercial de la société Bristol mardi. Si tu as des questions, téléphone-moi.
À plus tard, Adrien

8. Réservation :
Date d'arrivée : **6 juin**
Date de départ : **10 juin**
Nombre de nuits : **4**
Nombre de personnes : **2**   Nombre de chambres : **2**
Type de chambre : **2 chambres doubles avec douche**
Coordonnées : Nom et prénom : **Lancelot Sophie** et **Maire Géraldine**
Société : **GRA**   Tél. : **01 32 54 87 03**

9. Je voudrais une chambre :
(…) – Oui, pour combien de nuits ? – **3 nuits.**
– Et vous arrivez quand ? – **Le 13 avril.**

– Vous souhaitez quel type de chambre ?
– **Une chambre double avec salle de bains.**
– C'est pour combien de personnes ? – **Une.**
– C'est à quel nom ? – **Martin Pierron.**
– Vous avez un numéro de téléphone ?
– **Oui, c'est le 03 54 39 06 76.**
– Et un numéro de portable ? – **06 54 38 99 41.** (…)

10. Interrogations : 1) Est-ce que le petit déjeuner est compris ? – **2)** À quelle heure est-ce que vous servez le petit déjeuner ? – **3)** Pourquoi est-ce qu'il n'y a pas d'eau chaude ? – **4)** Est-ce que vous acceptez les animaux ? – **5)** Où est-ce que je peux me connecter à Internet ? – **6)** Quand est-ce que je dois rendre la chambre ? – **7)** Pourquoi est-ce que la chambre n'est pas propre ? – **8)** Où est-ce que je peux garer ma voiture ?

11. Nouvelle adresse : 1) appartement – **2)** immeuble – **3)** ascenseur – **4)** quartier – **5)** fait – **6)** pièces – **7)** séjour – **8)** chambres – **9)** cuisine – **10)** salle de bains – **11)** étage – **12)** vue – **13)** proximité – **14)** loyer

12. Comptabilité : 1) 235 € – **2)** 144 € – **3)** 400 € – **4)** 1 024 € – **5)** Sept cent cinquante-neuf euros – **6)** Trois cent quatre-vingt-treize euros – **7)** Six cent soixante-seize euros

13. Questions utiles : 1) d – **2)** i – **3)** a – **4)** j – **5)** h – **6)** b – **7)** f – **8)** e – **9)** c – **10)** g

14. Je peux… ? : 1) le – **2)** les – **3)** le – **4)** les – **5)** l' – **6)** la – **7)** l' – **8)** l'

15. Opinions : 2) Je la trouve fonctionnelle. – **3)** Je les trouve agréables. – **4)** Je les trouve jolis. – **5)** Je le trouve lumineux. – **6)** Je la trouve petite. – **7)** Je le trouve magnifique.

16. Pas de problème ! : a) 1) je le change. – **2)** je les aménage. – **3)** je la décore. – **4)** je le contacte. – **5)** je les appelle. – **6)** je la paye. – **7)** je le signe.

b) 1) Je ne le change pas. – **2)** Je ne les aménage pas. – **3)** Je ne la décore pas. – **4)** Je ne le contacte pas. – **5)** Je ne les appelle pas. – **6)** Je ne la paye pas. – **7)** Je ne le signe pas.

17. Le mot précis : 1) c – **2)** e – **3)** g – **4)** f – **5)** d – **6)** a – **7)** b

18. Lettre recommandée : a)

Grégoire Beauchef
54 bd de la Reine
78000 Versailles

Madame Charme
34 avenue Théophile Gautier
75008 Paris

Paris, le 13 avril 2006

Madame,

Comme suite à notre conversation téléphonique, je vous confirme mon intention de quitter l'apartement.

Je souhaite déménager le 23 juillet et vous propose de faire l'état des lieux le 25 juillet.

Dans l'attente d'une réponse de votre part, je vous prie d'agréer, Madame, mes salutations distinguées.

M. Beauchef

b) 1) Faux – **2)** Vrai – **3)** On ne sait pas. – **4)** Faux – **5)** Vrai – **6)** On ne sait pas. – **7)** Vrai

19. Journal d'entreprise : Événements passés : 2) hier soir – **3)** la semaine dernière – **5)** le mois dernier – **7)** lundi dernier – **8)** cette semaine – **9)** mardi
Événements futurs : 1) La semaine prochaine – **4)** le mois prochain – **6)** L'année prochaine

20. Événements passés : 1) Tu as trouvé – **2)** J'ai visité – **3)** Paul a réservé – **4)** Mon directeur est parti – **5)** Vous avez changé – **6)** M. Villepin est venu – **7)** Nous sommes allés – **8)** J'ai choisi – **9)** Les collègues sont arrivés – **10)** Tu es sortie – **11)** Tu as fini – **12)** Madame Brice est passée

21. Mission organisée : Ce que j'ai fait 👍 :
3) Je suis allé à l'ambassade. – **5)** J'ai envoyé des méls. – **6)** J'ai pris mon billet d'avion. – **8)** J'ai choisi un hôtel. – **9)** J'ai téléphoné à ma banque.

Ce que je n'ai pas fait 👎 :
2) Je n'ai pas fait ma valise. – **4)** Je n'ai pas préparé les dossiers. – **7)** Je n'ai pas étudié le programme. – **10)** Je n'ai pas fini mon travail.

22. Hébergement : 1) J'ai téléphoné et j'ai réservé une chambre. L'employé m'a demandé mes coordonnées. Je trouve que la chambre est jolie, avec une décoration agréable et il y a la télévision et le téléphone.
2) Je cherche un appartement. J'ai visité un deux pièces meublé à proximité du métro. Il a une cuisine équipée et une petite entrée. J'ai parlé avec le propriétaire et il m'a proposé un loyer intéressant.

UNITÉ 6, p. 56

1. Échanges : Un client : 3 – 5 – 6 – 7 – 8 – 10 – 12 – 13
Un serveur : 1 – 2 – 4 – 9 – 11

2. Menu à la carte :
a)

	Viande	Poisson	Légumes	Fruits
1) Une assiette…			X	
2) Un thon grillé, riz…		X	X	
3) Une pêche Melba				X
4) Steak, gratin…	X		X	
5) Un bœuf aux…	X		X	
6) Des bananes…				X
7) Une tarte aux…				X
8) Un cocktail de…		X		X
9) Une fricassée…	X		X	

b) Entrées : 1 – 8. ; **Plats :** 2 – 4 – 5 – 9 ; **Desserts :** 3 – 6 – 7

3. Tout à emporter : a) 1) Vrai – **2)** Faux – **3)** Vrai – **4)** Faux – **5)** Faux

b) 1) Végétarienne : de la tomate, du fromage, du thon, des poivrons, des champignons, des artichauts, des olives – **2) Exotique :** de la tomate, du fromage, du jambon, de l'ananas – **3) Rimini :** de la crème fraîche, du poulet, des pommes de terre, des oignons – **4) Pacifique :** de la crème fraîche, du saumon, des crevettes, du citron – **5) Salade du chef :** de la salade verte, des tomates, des haricots verts, du maïs, du ciron, de l'huile d'olive –

6) Norvégienne : de la salade verte, du saumon fumé, de l'avocat, des olives, de la crème fraîche – **7) Salade royale :** de la salade verte, des tomates, du chèvre, des croûtons de pain, du vinaigre, de l'huile d'olive

4. Recette de crêpes : 250 grammes de farine, 4 œufs, 3/4 de litre de lait, 1/4 de verre de rhum, 40 grammes de beurre, une pincée de sel

5. Liste de courses : 1) du yaourt → h) un pot de yaourt – **2)** des fleurs → g) un bouquet de fleurs – **3)** du parfum → a) un flacon de parfum – **4)** des œufs → g) une boîte d'œufs – **5)** de l'eau gazeuse → d) une bouteille d'eau gazeuse – **6)** de la bière → c) une canette de bière – **7)** des radis → f) une botte de radis – **8)** du dentifrice → b) un tube de dentifrice – **9)** du riz → e) un paquet de riz

6. Votre régime : Je mange : des légumes – du poisson – des fruits ; **Je ne mange pas :** de chocolat – de tarte aux pommes – de pain – de beurre – de croissant ; **Je bois :** de l'eau – du thé ; **Je ne bois pas :** d'alcool – de bière – de soda – de jus d'orange

7. Des questions à gogo : 1) Que prenez-vous ? – Qu'est-ce que vous prenez ? **2)** Qu'est-ce que vous désirez ? – Vous désirez quoi ? – **3)** Que bois-tu ? – Qu'est-ce que tu bois ? – **4)** Qu'aimez-vous comme gâteau ? – Vous aimez quoi comme gâteau ? – **5)** Qu'est-ce que vous faites comme travail ? – Vous faites quoi comme travail ? – **6)** Que dis-tu ? – Tu dis quoi ? – **7)** Que choisissez-vous comme restaurant ? – Qu'est-ce que vous choisissez comme restaurant ? – **8)** Que proposez-vous comme régime ? – Vous proposez quoi, comme régime ? – **9)** Qu'attendez-vous ? – Qu'est-ce que vous attendez ? – **10)** Qu'est-ce que vous demandez ? – Vous demandez quoi ? – **11)** Qu'achetons-nous pour dîner ? – Qu'est-ce que nous achetons pour dîner ? – **12)** Qu'est-ce que vous écoutez comme radio ? – Vous écoutez quoi comme radio ?

8. Tout va mal : a) a) Non, merci. Je vous dois combien ? – **b)** Le service est trop long. C'est exaspérant ! – **c)** Oui, j'arrive Monsieur. – **d)** J'attends mon plat. – **e)** Je suis désolé, mais il y a beaucoup de clients. – **f)** Je vais voir avec le chef. – **g)** Vous prenez un dessert ? – **h)** Garçon, s'il vous plaît !

b)

1	2	3	4	5	6	7	8
h	c	d	f	b	e	g	a

9. Un client mécontent : 1) trop de sucre – **2)** assez cher – **3)** assez de tables – **4)** trop d'air conditionné – **5)** trop cuit – **6)** assez de modèles – **7)** trop grande – **8)** trop d'épices

10. Exclamations ! : 1) b – **2)** i – **3)** h – **4)** e – **5)** c – **6)** g – **7)** f – **8)** d – **9)** a

11. Faites-vous confiance aux guides gastronomiques ? : a) d'abord – après – ensuite – Pour finir
b) Proposition de corrigé : Quand je cherche un bon restaurant, d'abord je lis les guides gastronomiques. Ils sont très utiles pour trouver un lieu original et sympathique. Il y a des informations sur le décor, la qualité, l'accueil et le prix. J'aime bien aussi lire les journaux spécialisés ou consulter les sites Internet pour voir de bonnes adresses pas chères. Ensuite, je demande à mes amis des adresses et pour finir, je choisis le restaurant.

12. Buvons cachés ! :

M	N	U	B	O	I	V	E	N	T
A	J	B	U	V	E	Z	V	X	P
O	I	R	V	E	N	T	I	T	S
H	K	B	O	S	E	N	T	O	I
J	U	I	N	E	S	P	V	I	R
B	O	I	S	E	N	T	B	U	V
J	Y	Z	P	R	B	O	I	S	O
G	B	O	I	T	L	H	R	E	N
A	V	O	I	T	B	U	V	O	I

13. Pull en solde : 1) f – **2)** j – **3)** a – **4)** c – **5)** g – **6)** d – **7)** h – **8)** b – **9)** e – **10)** i

14. Chassez l'intrus : 1) ~~réfléchir~~ – **2)** ~~addition~~ – **3)** ~~foulard~~

15. Cadeau d'adieu : 1) cette – **2)** cette, cet – **3)** cette – **4)** cette, ces, ce – **5)** ce, cet – **6)** cet – **7)** cet

16. Questions de choix : 1) Laquelle ? Celle-ci ou celle-là ? – **2)** Lequel ? Celui-ci ou celui-là ? – **3)** Lesquels ? Ceux-ci ou ceux-là ? – **4)** Laquelle ? Celle-ci ou celle-là ? – **5)** Lesquelles ? Celles-ci ou celles-là ? – **6)** Lequel ? Celui-ci ou celui-là ?

17. Enquête de satisfaction :

+ *plus*
= *aussi* } + **adjectif** + *que*
– *moins*

+ *plus de*
= *autant de* } + **nom** + *que*
– *moins de*

+ *plus*
= *autant* } + *que*
– *moins*

Mémo : ~~Plus bon~~ → meilleur

18. Critiques gastronomiques : 1) moins – **2)** meilleur – **3)** plus – **4)** aussi – **5)** plus de – **6)** plus – **7)** moins – **8)** moins de – **9)** moins

19. Le son « eu » : 1) Je, peu, bœuf – **2)** Je, jeune, vendeuse – **3)** veux, beurre – **4)** Le, serveur, peut – **5)** déjeune – **6)** directeur, œufs – **7)** couleur – **8)** deux, demi

DELF A1, p. 66

Compréhension des écrits
Exercice 1 : 1) 05 45 87 98 12 – **2)** 1 900 € – **3)** oui
Exercice 2 : 1) a – **2)** b – **3)** c – **4)** a

Production écrite. Cocher : votre société, affaires, accueil ☺, confort ☺, propreté ☹, service ☺, repas ☹, situation ☹

UNITÉ 7, p. 68

1. Missions demandées : a) 1) c – **2)** a – **3)** f – **4)** g – **5)** b – **6)** e – **7)** d
b) 1) b – **2)** c – **3)** a

2. Des noms pour le dire : formation – évaluation – prospection – développement – négociation – visite – organisation – animation – rédaction – voyage – participation – connaissance – maîtrise

3. Un poste à prendre : Bonjour + *prénom*, responsable marketing – basée – es chargé – réalises – prépares – proposes – es responsable – gères – contrôles – profil – autonome – as trois – connais – envoyer – motivation

4. Rumeurs : **1)** connaissez – **2)** connaît – **3)** sais – **4)** connaissez – **5)** savons – **6)** connais – **7)** sait – **8)** connaît – **9)** sait

5. Réussir son CV : **a) a)** 6 – **b)** 4 – **c)** 1 – **d)** 3 – **e)** 5 – **f)** 2
b) 1) On ne sait pas. – **2)** Vrai – **3)** Faux – **4)** Vrai – **5)** On ne sait pas. – **6)** Faux – **7)** On ne sait pas. – **8)** On ne sait pas.

6. Des histoires qui durent : **1)** il y a – **2)** il y a – **3)** pendant – **4)** depuis – **5)** depuis – **6)** il y a – **7)** depuis – **8)** depuis

7. Êtes-vous un bon candidat ? : **1)** a – **2)** b – **3)** b – **4)** a – **5)** a – **6)** b

8. De nouveaux venus : **1)** venons d' – **2)** viennent de – **3)** vient de – **4)** venez d' – **5)** vient de – **6)** viens de – **7)** viens de – **8)** venons de

9. La parole est aux salariés : **1)** finissais – **2)** était – **3)** travaillions – **4)** fermait – **5)** formais – **6)** gagniez – **7)** voyageait – **8)** prenions – **9)** avait – **10)** partaient – **11)** choisissiez – **12)** disait, connaissait

10. Mon nouveau travail : a) **1)** Avec qui je vais voyager ? – **2)** Dans quel bâtiment il y a la cantine ? – **3)** Avec quel moyen de transport venez-vous au bureau ? – **4)** Pour quels clients préparez-vous ces commandes ? – **5)** Sur quelle prime je peux compter ? – **6)** À quel étage se trouve mon bureau ?
b) 1) c – **2)** a – **3)** e – **4)** d – **5)** b – **6)** f

11. Une lettre d'engagement : **1)** b – **2)** a – **3)** b – **4)** a – **5)** b – **6)** c – **7)** c

12. Premier emploi : **1)** c – **2)** e – **3)** d – **4)** b – **5)** g – **6)** a – **7)** f

13. Le son O : **1)** désolé, trop, chaud – **2)** pause, commerciaux, journaux – **3)** l'hôtel, côté, nos, bureaux – **4)** stylo, beau, cadeau – **5)** autonome, gros – **6)** embauché, solide

UNITÉ 8, p. 75

1. Le bon mot : **1)** créée – **2)** située / implantée – **3)** activité – **4)** notre effectif – **5)** gamme – **6)** vendons

2. Des courses à faire : **1)** où / une poissonnerie – **2)** qui / un, une fleuriste – **3)** que / une librairie – **4)** que / un cordonnier – **5)** qui / un coiffeur, une coiffeuse – **6)** où / une parfumerie – **7)** qu' / un pâtissier – **8)** que / un boucher, une bouchère – **9)** qui / un salon de beauté – **10)** qui / un charcutier

3. Entreprises à vendre : Propositions de corrigés
1) L'entreprise a été créée en 1982 et son siège social se trouve à Strasbourg. L'usine est située en Alsace. Son chiffre d'affaires est de 25 000 000 € et elle emploie 80 personnes. Elle produit et commercialise des produits sanitaires : saunas, spas, cabines de douche avec une gamme de 50 modèles. Sa clientèle comprend des magasins de bricolage et des plombiers. Elle est leader sur le marché européen des produits sanitaires et exporte en Europe et aux États-Unis.
2) Cette société, créée en 1995 a son siège social implanté à Lille. Son chiffre d'affaires annuel est de 5 000 000 €. Elle importe des tee-shirts dans une gamme de 30 coloris pour des impressions publicitaires. Ses clients sont des agences de communication et des entreprises. Elle possède un entrepôt situé dans une zone industrielle avec un parking et elle a une filiale de distribution qui se trouve en Espagne.

4. Activités : **1)** construit / vendons – **2)** produisons / vend – **3)** construits / vendent – **4)** construisez / vendez – **5)** produis / vends – **6)** produisent / vends

5. J'ai rendez-vous : a) **1)** Muriel Vasseur – **2)** Charles Radin – **3)** Quentin Maurois – **4)** Myriam Pilar – **5)** Hervé Gautier – **6)** Michel Dufoit
b) 1) Hervé Gautier – **2)** Charles Radin – **3)** Quentin Maurois – **4)** Muriel Vasseur – **5)** Michel Dufoit – **6)** Pierre Laborde

6. Nominations : **1)** Madame Pilar Guezala est chef de projet. Elle dirige la construction de la nouvelle usine. Elle travaille à la direction générale.
2) Monsieur Hans Apen est ingénieur. Il est responsable de la conception des nouveaux produits. Il travaille au service de la production et a sous sa responsabilité quatre techniciens.

7. Des précisions : **1)** f – **2)** g – **3)** h – **4)** c – **5)** b – **6)** a – **7)** e – **8)** d

8. Secrets de mots : a) 1) c – **2)** d – **3)** a – **4)** b ; **b) 1)** b – **2)** e – **3)** f – **4)** a – **5)** c – **6)** d

9. Renseignements : **1)** mettez / mettons – **2)** obtenez / obtenons – **3)** mets / mets – **4)** obtient / met – **5)** mettent / mettent / obtiennent

10. Comment fabriquer des objets en verre : **1)** Le verre est obtenu à partir de sable, de soude et de chaux. – **2)** Une goutte de verre est mise dans un moule. – **3)** Le verre est soufflé mécaniquement. – **4)** L'objet en verre est refroidi avec de l'air ventilé. – **5)** L'objet en verre est cuit dans un four. – **6)** L'objet en verre est contrôlé.

11. Une fiche technique : Le verre est obtenu à partir de trois composants : le sable, la soude et la chaux. D'abord, une goutte de verre est mise dans un moule. Ensuite, le verre est soufflé mécaniquement. Après, l'objet en verre est refroidi avec de l'air ventilé. Plus tard, l'objet en verre est cuit dans un four. Puis, l'objet en verre est contrôlé. Enfin, il est mis en vente.

12. Dernières nouvelles : **1)** On attend une délégation japonaise pour visiter l'usine. – **2)** On nomme un nouveau directeur de production. – **3)** On installe une nouvelle chaîne de fabrication dans l'usine de Nice. – **4)** On obtient une nouvelle crème à partir de produits naturels. – **5)** On vend 80 % de la production à l'étranger. – **6)** On recrute trente ouvriers pour l'usine de Nice. – **7)** On met des invitations à la disposition du personnel pour l'inauguration de la nouvelle usine.

13. Pizza fraîche : **1)** Faux – **2)** Vrai – **3)** Vrai – **4)** On ne sait pas. – 5) On ne sait pas. – **6)** Vrai – **7)** Vrai – **8)** Faux

14. Où êtes-vous ? :

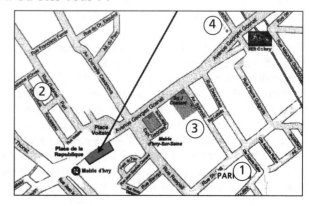

15. Bienvenue sur les routes de France : a) 1) Préparez – **2)** Notez – **3)** Prévoyez – **4)** Faites – **5)** Partez – **6)** Évitez – **7)** Mettez – **8)** Éteignez – **9)** Prévoyez – **10)** Prenez
b) 1) Prépare – **2)** Note – **3)** Prévois – **4)** Fais – **5)** Pars – **6)** Évite – **7)** Mets – **8)** Éteins – **9)** ayez – **10)** Prends

16. Interdictions : a) 1) N'appelez pas votre patron par son prénom. – **2)** Ne dépassez pas les limites de vitesse. – **3)** Ne sortez pas du côté de la circulation. – **4)** Ne fumez pas dans les bureaux. – **5)** Ne courez pas sur les pelouses. – **6)** N'entrez pas sans frapper. – **7)** Ne soyez pas en retard à une réunion. – **8)** Ne cueillez pas les fleurs. – **9)** Ne répondez pas à un appel téléphonique sur votre portable. – **10)** Ne conduisez pas sous l'effet de l'alcool.
b) Dans une entreprise : 1, 4, 6 – **Sur la route :** 2, 3, 9, 10 – **Dans un jardin public :** 5, 8

17. Instructions : a) 2) Mettez-le. – **3)** Respectez-les. – **4)** Lisez-les. – **5)** Remplissez-la. – **6)** Finissez-le. – **7)** Prenez-la. – **8)** Écrivez-le. – **9)** Faites-les. – **10)** Appelez-la.
b) 1) Portons notre badge. – **2)** Mettons le casque de sécurité. – **3)** Respectons les zones interdites. – **4)** Lisons les consignes de sécurité. – **5)** Remplissons la fiche de visite. – **6)** Finissons le rapport. – **7)** Prenons la communication téléphonique. – **8)** Écrivons le compte rendu. – **9)** Faisons les photocopies. – **10)** Appelons la stagiaire.

18. Le son S : 1) sous, sa, responsabilité – **2)** directrice, cet, établissement – **3)** l'ascenseur, dessert, sortez, suivez – **4)** salle, face – **5)** ça – **6)** Cette, opération commerciale, réalisation – **7)** se connaissent – **8)** assez, assortiment, savons – **9)** société, hôtesse, renseigner – **10)** ce commerçant reçoit, ses fournisseurs.

DELF A2, p. 83

Compréhension des écrits
a) 1) a – **2)** b – **3)** a – **4)** b
b) 1) Faux → « il trouvait que ce métier n'était pas fait pour une femme » – **2)** Faux → « Elle était la seule fille » – **3)** Faux → « je voulais travailler dans le secteur du bâtiment, ... son premier chantier comme responsable des travaux » – **4)** Vrai → « Mon père dirigeait une entreprise dans ce secteur (secteur du bâtiment) » – **5)** Faux → « elle a reçu un bon accueil de la part des ouvriers » – **6)** Vrai → « quinze jours après la fin de la formation, elle est recrutée en CDI. »

UNITÉ 9, p. 85

1. Activités quotidiennes : a) 1) s'endormir – **2)** se reposer – **3)** se présenter – **4)** se coucher
b) Dans une chambre : 2, 4 – **Dans une salle de bains :** 1, 3
2. Échanges : 1) vous entraînez, nous entraînons → e – **2)** vous levez, me lève → a – **3)** se préparent, se maquillent, s'habillent → b – **4)** me repose, m'occupe, m'investis → d – **5)** vous installez, nous installons, nous intéressons → c
3. Vos activités de loisirs : a) 1) i – **2)** f – **3)** j – **4)** g – **5)** c – **6)** d – **7)** b – **8)** a – **9)** e – **10)** h
4. SMS 24 h / 24 h : 1) matin – **2)** soir – **3)** après-midi – **4)** nuit – **5)** soir
5. Nouvelle collection : Homme : 1, 3, 6, 15 – **Femme :** 7, 9, 13, 14 – **Homme ou femme :** 2, 4, 5, 8, 10, 11, 12

6. Une journée active : a) je me lève – je me douche – je me prépare – je m'installe – je m'occupe – je prépare – je présente – j'organise – je me dépêche – je ne me couche
b) 1) c – **2)** a – **3)** a – **4)** c – **5)** b – **6)** c
7. En réunion : 1) ouvrez – **2)** sors – **3)** ouvre – **4)** sort, ouvre – **5)** sortons – **6)** sors – **7)** ouvrent, sortent
8. Questions de lieu : a) 1) au restaurant – **2)** au théâtre – **3)** au bureau – **4)** dans un salon (professionnel) – **5)** dans une banque – **6)** dans un garage / un parking – **7)** dans une gare – **8)** dans un magasin / un supermarché
b) 1) On s'y lave, rase, douche, maquille – **2)** On y voit / admire/ expose des tableaux, des œuvres d'art, des sculptures – **3)** On y fait de la gymnastique / on y joue au tennis... – **4)** On y achète / fait du pain – **5)** On y écoute de la musique.
9. Travail bien fait : 1) lui – **2)** leur – **3)** leur – **4)** t' – **5)** lui – **6)** leur – **7)** leur – **8)** vous
10. N'oubliez pas ! : 1) Parlez-lui. – Il faut lui parler. – N'oubliez pas de lui parler. **2)** Expliquez-leur… – Il faut leur expliquer… – N'oubliez pas de leur expliquer… **3)** Demandez-leur le badge. – Il faut leur demander le badge. – N'oubliez pas de leur demander le badge. **4)** Envoie-moi les nouveaux tarifs. – Il faut m'envoyer les nouveaux tarifs. – N'oublie pas de m'envoyer les nouveaux tarifs. **5)** Pose-lui la question pour le problème de la facture. – Il faut lui poser la question … – N'oublie pas de lui poser la question... **6)** Proposez-leur une formation. – Il faut leur proposer une formation. – N'oubliez pas de leur proposer une formation. **7)** Écris-leur une lettre de convocation. – Il faut leur écrire une lettre de convocation. – N'oublie pas de leur écrire une lettre de convocation. **8)** Communiquez-moi vos coordonnées. – Il faut me communiquer vos coordonnées. – N'oubliez pas de me communiquer vos coordonnées.
11. Le jeu de l'inconnu : 1) d – **2)** c – **3)** f – **4)** b – **5)** a – **6)** e
12. Que d'interdictions ! : a) Un magasin : 3, 4, 5 – **Une entreprise :** 1, 3 – **Dans la rue :** 6 – **Dans un avion :** 2, 3, 7, 8 – **b)** – Il est interdit d'entrer / d'utiliser un téléphone portable / de fumer / d'entrer avec un animal / de venir avec une boisson / de stationner/ de mettre des objets inflammables dans les bagages / d'avoir / de prendre un bagage de plus de 10 kilos.
– Vous ne devez pas / vous ne pouvez pas entrer / utiliser un téléphone portable / fumer/ venir avec un animal / venir/ entrer avec une boisson / stationner /emporter / mettre dans les bagages des objets inflammables / avoir un bagage de plus de 10 kilos.
– Les animaux / les bagages de plus de 10 kilos / les objets inflammables ne sont pas acceptés / sont interdits / le stationnement est interdit / les boissons sont interdites dans le magasin.
13. Règlements intérieurs : 1) Il faut être à son poste de travail aux heures fixées. – **2)** Il est interdit d'introduire des personnes étrangères à l'entreprise. – **3)** Il faut observer les mesures d'hygiène et de sécurité. – **4)** Il est interdit d'entrer dans l'établissement en état d'ébriété. – **5)** Il est interdit d'emporter des objets qui appartiennent à l'entreprise. – **6)** Il faut faire attention au matériel. – **7)** Il est interdit de dire les secrets de fabrication. – **8)** Il est

interdit d'utiliser les voitures de service pour les trajets personnels.

14. Partage des tâches : 1) ira – **2)** appellerai – **3)** recevrai – **4)** obtiendront – **5)** enverra – **6)** viendrez – **7)** prendrons – **8)** ferai – **9)** devrez – **10)** payeras / paieras

15. Conseils d'amis :
a) 1) répondre, faire, avoir : à un candidat à un emploi **2)** conduire, mettre, boire, être : à un automobiliste **3)** accueillir, savoir, voir, pouvoir : à un vendeur / une vendeuse **4)** devoir, s'asseoir, manger, revenir : à un invité
b) Selon les spécificités du pays. 1) Tu respecteras le règlement, tu ne tutoieras pas le patron, tu participeras aux réunions, « aux pots » (selon la culture d'entreprise du pays), tu renseigneras les collègues, etc. **2)** Tu iras à tous les cours, tu prendras des notes, tu arriveras à l'heure, tu feras tes devoirs, tu apprendras tes leçons, etc. **3)** Vous ferez attention à vos objets personnels, vous ne prendrez pas beaucoup d'argent sur vous, vous prendrez un dictionnaire, un plan, vous n'oublierez pas votre appareil photo, votre passeport, votre visa, vous prendrez des vêtements chauds, légers, de la crème solaire, vous visiterez / vous irez, etc.

16. Un moment, s'il vous plaît : 1) il est en train de le dépanner. – **2)** je suis en train de le lire. – **3)** je suis en train de les finir. – **4)** je suis en train de l'envoyer. – **5)** nous sommes en train de les éteindre. – **6)** elle est en train de la faire.

17. Programme de visite :
Bonjour,
Voilà le programme de visite de nos collaborateurs. Ils arriveront à 8 h 30 à l'aéroport Charles de Gaulle. À 9 h 45, le Président accueillera la délégation et fera un discours de bienvenue. Ensuite, il y aura une réunion à 10 h 30. Après le déjeuner à 12 h 30, nos collaborateurs partiront en avion pour Bordeaux. À 16 h 30, ils visiteront / verront les ateliers de montage. La visite durera 1 h 30. Après, ils iront en excursion à Arcachon et ils visiteront les parcs à huîtres. À 20 h 30, ils dîneront au Château Larame. Ils seront de retour à l'hôtel vers 23 h.
Merci pour votre aide.
Bien cordialement

18. Les sons :
1) Lundi matin, nous avons une réunion.
   [ɛ̃]   [ɛ̃]   [ɔ̃]   [ɔ̃]
2) Elle vient en avion.
   [ɛ̃] [ɑ̃] [ɔ̃]
3) Ils demandent un jour de congé.
   [ɑ̃]   [ɛ̃]   [ɔ̃]
4) Attendez un instant.
   [ɑ̃]   [ɛ̃][ɛ̃][ɑ̃]
5) C'est le nom d'un étudiant mexicain.
   [ɔ̃] [ɛ̃]   [ɑ̃]   [ɛ̃]
6) Demain, ils iront au restaurant.
   [ɛ̃]   [ɔ̃]   [ɑ̃]
7) Nous acceptons les paiements par carte.
   [ɔ̃]   [ɑ̃]
8) Elle a un grand magasin de vêtements.
   [ɛ̃] [ɑ̃]   [ɛ̃]   [ɑ̃]
9) Vous trouverez le document ci-joint.
   [ɑ̃]   [ɛ̃]

1. Que de papiers ! : a) 1) c – **2)** e – **3)** b – **4)** f – **5)** g – **6)** a – **7)** d
b) Documents personnels : 3) b – **4)** f – **5)** g – **6)** a ; **Documents bancaires : 1)** c – **2)** b – **7)** d

2. Opérations bancaires : renseigner – un débit – ouvrir un compte – virement – consulter – se connecter – retirer – régler – un achat – créditer – un paiement (payement) – prêter

3. Souhaits et demandes : 1) Pourriez – **2)** auriez – **3)** voudrais – **4)** aimerions – **5)** pourrais – **6)** aurais – **7)** souhaiterais – **8)** seriez – **9)** serait – **10)** serions

4. Votre offre nous intéresse : serions – voudrions / aimerions – souhaiterions / aimerions – aurions – pourriez – souhaiterions

5. Une offre exceptionnelle : 1) b – **2)** c – **3)** b – **4)** a – **5)** c – **6)** b

6. Qui fait quoi ? : 1) b – **2)** a – **3)** a – **4)** b – **5)** b – **6)** b – **7)** b – **8)** a

7. Des notices à lire : a) notice 4 – **b)** notice 1 – **c)** notice 3 – **d)** notice 2

8. Tout va bien :

1	2	3	4	5	6	7	8	9
d	f	g	i	j	e	l	o	n
10	11	12	13	14	15	16	17	
a	h	c	p	k	q	m	b	

9. En avoir ou pas : a) 2 – **b)** 1 – **c)** 4 – **d)** 3 – **e)** 4 – **f)** 4 – **g)** 3 – **h)** 1

10. À vous de choisir : 1) b – **2)** a – **3)** b – **4)** c – **5)** c

11. Jeu de mots : a) 1) un médicament / un cachet / un comprimé – **2)** un pourboire – **3)** des pièces – **4)** un chèque – **5)** un comprimé – **6)** du sirop – **7)** une ordonnance – **8)** un compte
b) Propositions de corrigé : 1) Il en fait à la piscine. – **2)** Elle en boit au petit déjeuner ou après le repas. – **3)** Il en réserve / achète pour voyager loin / pour prendre l'avion. – **4)** Elle en conduit une pour aller au travail. – **5)** Il en utilise un pour aller sur l'Internet / pour taper ses courriels.

12. Les maux du bureau : a) La tête : les yeux, la nuque, le cou **– Le corps :** le dos, les épaules, les hanches – **Les membres :** les jambes, les coudes, les poignets, la main, les genoux, les pieds
b) 1) aux yeux, à la tête – **2)** aux bras, aux poignets, aux doigts – **3)** aux pieds, aux genoux, les jambes
c) 1) d – **2)** e – **3)** a – **4)** b – **5)** c

13. De la tête aux pieds : 1) b – **2)** d – **3)** a – **4)** c – **5)** e

14. Que de catastrophes ! : 1) cassée – **2)** tachée – **3)** bruit – **4)** anomalies – **5)** réglage – **6)** défectueux – **7)** en panne – **8)** bouché – **9)** coincé – **10)** c'est dangereux – **11)** court-circuit

15. Le climatiseur est en panne : 1) c – **2)** d – **3)** e – **4)** f – **5)** b – **6)** a

16. Un service après-vente performant : 1) c – **2)** a – **3)** b – **4)** c

17. Mode d'emploi : 1) En suçant – **2)** en buvant – **3)** en appelant – **4)** en choisissant – **5)** en branchant – **6)** appuyant – **7)** En faisant – **8)** En mettant – **9)** En remplissant – **10)** en introduisant

18. Appels à témoins :
a) 1) a – **2)** c – **3)** e – **4)** b – **5)** d.
19. Objets trouvés :
Proposition de corrigés : C'est un grand sac de sport. Il contient une raquette de tennis, un tee-shirt, une paire de chaussures / des baskets, des balles de tennis, une boisson, une serviette. C'est un sac à main de femme avec un petit carnet, des clés, un mouchoir, un rouge à lèvres, un crayon, un flacon de parfum, un porte-feuille. C'est aussi un attaché-case / une mallette d'homme d'affaires. Il / Elle contenait un agenda, une cravate, un dossier, un portable, des crayons, des cartes de visite.
20. Faits divers : 1) étais, j'ai entendu, j'ai couru, j'ai ouvert, j'ai vu, partait, est arrivée, s'occupait **2)** faisions, avait, sont entrés, portaient, ont crié, ont dit, sont allés, ont demandé, tremblait, a donné, sont sortis **3)** prenait, est arrivé, s'est arrêté, a mis, a arraché, s'est enfui, avait, est allée.
21. Témoignages : Proposition de corrigés : 1) J'étais dans la rue avec un (une) ami(e) / ma femme / mon mari. J'ai entendu crier. Il y avait un homme et une femme à la fenêtre. J'ai levé la tête et j'ai vu de la fumée et des flammes qui sortaient par la fenêtre d'un appartement, au premier étage d'un immeuble (ou : De la fumée et des flammes sortaient par la fenêtre d'un appartement au premier étage d'un immeuble). J'ai tout de suite téléphoné aux pompiers avec mon portable (ou ma femme / mon amie a téléphoné aux pompiers avec son téléphone portable). **2)** J'étais dans la rue quand j'ai vu une vieille femme (une femme âgée) qui était allongée par terre (sur le sol). Elle avait les yeux fermés et son sac était ouvert à côté d'elle. Il y avait aussi ses lunettes et sa canne. Un monsieur s'est occupé d'elle et moi, j'ai appelé le Samu / un médecin / les pompiers (ou : une dame a appelé le Samu). **3)** J'étais dans la rue quand j'ai été témoin d'un accident de la route. L'accident s'est passé à un carrefour. Un motocycliste roulait assez vite. Une voiture arrivait sur la droite au carrefour. L'automobiliste n'a pas pu freiner / s'arrêter. La voiture a heurté le motocycliste qui est tombé par terre (sur le sol) avec sa moto. Une voiture s'est arrêtée et l'automobiliste est sorti de sa voiture pour aller voir le motocycliste qui était assis par terre. Le motocycliste était choqué et la voiture avait l'avant enfoncé.
22. Les homophones lexicaux : 1) a) doit – b) doigt – **2)** a) coût – b) le cou – **3)** a) vert – b) verre – **4)** a) taux – b) tôt – **5)** a) tache – b) tâches

DELF A2, p. 105

Exercice 1 : 1) c – **2)** g – **3)** d – **4)** f – **5)** b
Exercice 2 : Transport : 5 – Exportations : 2 – Secteur bancaire : 1 – Marché du travail : 6 – Santé : 4 – Culture : 3
Exercice 3 : a) 1) c – **2)** a – **3)** b
b) 1) Vrai → « Je lisais dans le métro quand on ma volé mon sac à main. » – **2)** Vrai → « j'ai appelé le premier dépanneur pour changer ma serrure. » – **3)** Vrai → « le professionnel m'a dit que ça coûterait 1 000 €… selon deux sociétés contactées par le journal, l'intervention devait coûter 500 €. » – **4)** Faux → « J'ai accepté parce que je n'avais pas le choix. » – **5)** Faux → « Mon assurance ne m'a pas remboursée. »

L'ALPHABET PHONÉTIQUE

Voyelles

[i]	midi
[e]	nez, dîner, les
[ɛ]	être, belle, mère
[a]	à, patte, femme
[ɑ]	pâte
[y]	rue, sûr, sur
[u]	août, où, goût, cou
[o]	piano, hôpital, mot
[ɔ]	homme, bol, maximum
[ə]	je, monsieur, je
[ø]	déjeuner, peu, œufs
[œ]	œuf, peur, œil
[ɛ̃]	main, faim, sympa, examen, fin
[ɑ̃]	ensemble, tante, lentement
[ɔ̃]	ton, bon, pompier
[œ̃]	un, brun, parfum

Semi-voyelles

[j]	yeux, œil, fille, émission
[ɥ]	lui, huit, huile
[w]	oui, kiwi, poil, souhait

Consonnes

[p]	apprendre, papa, pain
[b]	bon, robe, bain
[t]	ton, thon, triste
[d]	doigt, addition, dent
[k]	que, d'accord, cou
[g]	seconde, gare, gorge
[f]	feu, fournisseur, éléphant
[v]	vue, voler, vendredi
[s]	leçon, six, fils, imagination
[z]	deuxième, zoo, zéro
[ʃ]	schéma, choisir, chat
[ʒ]	jeudi, je, étage
[l]	elle, la, ville, lire
[m]	pomme, moi, mot
[n]	Nuit, année, automne
[ɲ]	oignon, agneau, mignonne
[ŋ]	parking
[ʀ]	rhume, rue, roi

UNITÉ 1

U1 Document A

Acteur(trice) (n.) [aktœʀ] ....
Aller (v.) [ale] ....
Assistant(e) (n.)
  [asistã(t)] ....
Attaché(e) (n.) [ataʃe] ....
Avocat (n.) [avoka] ....
Bureau (n. m.) [byʀo] ....
Chef (n.) [] ....
Chez (prép.) [ʃe] ....
Coiffeur(euse) (n.)
  [kwafœʀ/kwaføz] ....
Collègue (n.) [kolɛg] ....
Comment (adv.) [kɔmã] ....
Commercial(e) (adj.)
  [kɔmɛʀsjal] ....
Connaître (v.) [kɔnɛtʀ] ....
Consultant(e) (n.) [kõsyltã] ....
Dentiste (n.) [dãtist] ....
Directeur(trice) (n.)
  [diʀɛktœʀ/diʀɛktʀis] ....
Enchanté(e) (adj.) [ãʃãte] ....
Être (v.) [ɛtʀ] ....
Infirmier(ère) (n.)
  [ɛ̃fiʀmjɛʀ] ....
Informaticien(ne) (n.)
  [ɛ̃fɔʀmatisjɛ̃/ɛ̃fɔʀmatisjɛn] ....
Ingénieur (n.) [ɛ̃ʒenjœʀ] ....
Pharmacien(ne) (n.)
  [faʀmasjɛ̃/faʀmasjɛn] ....
Présentateur(trice) (n.)
  [pʀezãtatœʀ/pʀezãtatʀis] ....
Présenter (v.) [pʀezãte] ....
Produit (n. m.) [pʀɔdɥi] ....
Ravi(e) (adj.) [ʀavi] ....
Rencontrer (v.) [ʀãkõtʀe] ....
Responsable (n.)
  [ʀespõsabl] ....
Ressources humaines (n. f. pl.)
  [ʀəsuʀszymɛn] ....
Serveur(euse) (n.)
  [sɛʀvœʀ/sɛʀvøz] ....
Société (n. f.) [sɔsjete] ....
Vente (n. f.) [vãt] ....

U1 Document B

Achat (n. m.) [aʃa] ....
Adjoint(e) (adj.) [adʒwɛ̃] ....
Ambassade (n. f.)
  [ãbasad] ....
Consulat (n. m.) [kõsyla] ....
Délégué(e) (n.) [delege] ....
Employé(e) (n.) [ãplwaje] ....
Fiche (n. f.) [fiʃ] ....
Formulaire (n. m.)
  [fɔʀmylɛʀ] ....
Journaliste (n.)
  [ʒuʀnalist] ....
Médecin (n. m.) [medsɛ̃] ....
Nationalité (n. f.)
  [nasjɔnalite] ....
Nom (n. m.) [nõ] ....
Objet (n. m.) [ɔbʒɛ] ....
Pour (prép.) [puʀ] ....
Prénom (n. m.) [pʀenõ] ....

Président(e) (n.)
  [pʀezidã(t)] ....
Profession (n. f.)
  [pʀɔfesjõ] ....
S'appeler (v.) [sapəle] ....
Service (n. m.) [sɛʀvis] ....
Standardiste (n.)
  [stãdaʀdist] ....
Visa (n. m.) [viza] ....
Visite (n. f.) [vizit] ....
Visiteur (n. m.) [vizitœʀ] ....

U1 Document C

Adresse (n. f.) [adʀɛs] ....
Année (n. f.) [ane] ....
Août (n. m.) [ut] ....
Avril (n. m.) [avʀil] ....
Célibataire (adj.)
  [selibatɛʀ] ....
Date (n. f.) [dat] ....
Décembre (n. m.) [desãbʀ] ....
Demande (n. f.) [dəmãd] ....
Divorcé(e) (adj.) [divɔʀse] ....
Employeur (n. m.)
  [ãplwajœʀ] ....
Famille (n. f.) [famij] ....
Février (n. m.) [fevʀije] ....
Janvier (n. m.) [ʒãvje] ....
Jour (n. m.) [ʒuʀ] ....
Juillet (n. m.) [ʒɥijɛ] ....
Juin (n. m.) [ʒɥɛ̃] ....
Lieu (n. m.) [ljø] ....
Mai (n. m.) [mɛ] ....
Marié(e) (adj.) [maʀje] ....
Mars (n. m.) [maʀs] ....
Mois (n. m.) [mwa] ....
Naissance (n. f. .) [nesãs] ....
Novembre (n. m.) [nɔvãbʀ] ....
Octobre (n. m.) [ɔktɔbʀ] ....
Personnel(le) (adj.)
  [pɛʀsɔnɛl] ....
Séparé(e) (adj.) [separe] ....
Septembre (n. m.) [sɛptãbʀ] ....
Situation (n. f.) [sitɥasjõ] ....
Veuf(ve) (adj.) [vœf/vœv] ....

U1 Document D

Carnet (n. m.) [kaʀnɛ] ....
Compléter (v.) [kõplete] ....
Demander (v.) [dəmãde] ....
Donner (v.) [dɔne] ....
Électronique (adj.)
  [elɛktʀɔnik] ....
Épeler (v.) [epəle] ....
(s') Écrire (v.) [(s)ekʀiʀ] ....
Fichier (n. m.) [fiʃje] ....
Instant (n. m.) [ɛ̃stã] ....
Passeport (n. m.) [paspɔʀ] ....
Récupérer (v.) [ʀekypeʀe] ....

UNITÉ 2

U2 Document A

Aujourd'hui (adv.)
  [oʒuʀdɥi] ....
Avoir (v.) [avwaʀ] ....
Bonbon (n. m.) [bõbõ] ....
Café (n. m.) [kafe] ....

Collaborateur(trice) (n.)
  [kõdyktœʀ/kõdyktʀis] ....
Couverture (n. f.)
  [kuvɛʀtyʀ] ....
Eau (n. f.) [o] ....
Écouteur (n. m.) [ekutœʀ] ....
Excuser (v.) [ɛkskyze] ....
Hôtesse (n. f.) [otɛs] ....
Invitation (n. f.) [ɛ̃vitasjõ] ....
Magazine (n. m.)
  [magazin] ....
Oreiller (n. m.) [ɔʀeje] ....
Photocopie (n. f.)
  [fotocopi] ....
Projet (n. m.) [pʀɔʒɛ] ....
Remercier (v.) [ʀəmɛʀsje] ....
Steward (n. m.) [stiwaʀt] ....
Stylo (n. m.) [stilo] ....
Verre (n. m.) [vɛʀ] ....

U2 Document B

Âge (n. m.) [aʒ] ....
An (n. m.) [ã] ....
Banque (n. f.) [bãk] ....
Commerce (n. m.)
  [kɔmɛʀs] ....
Communication (n. f.)
  [kɔmynikasjõ] ....
Construction automobile (n. f.)
  [kõstʀyksjõ otomobil] ....
Crayon (n. m.) [kʀɛjõ] ....
Dans (prép.) [dã] ....
Diriger (v.) [diʀiʒe] ....
En (prép.) [ã] ....
Enfant (n. m.) [ãfã] ....
Enseignement (n. m.)
  [ãsɛɲəmã] ....
Entier (adj.) [ãtje] ....
Entreprise (n. f.)
  [ãtʀəpʀiz] ....
Femme (n. f.) [fam] ....
Fille (n. f.) [fij] ....
Fils (n. m.) [fis] ....
Frère (n. m.) [fʀɛʀ] ....
Garçon (n. m.) [gaʀsõ] ....
Grand-mère (n. f.)
  [gʀãmɛʀ] ....
Grands-parents (n. m.)
  [gʀãpaʀã] ....
Grand-père (n. m.)
  [gʀãpɛʀ] ....
Habiter (v.) [abite] ....
Informatique (n. m.)
  [ɛ̃fɔʀmatik] ....
Mais (conj.) [mɛ] ....
Mari (n. m.) [maʀi] ....
Mère (n. f.) [mɛʀ] ....
Monde (n. m.) [mõd] ....
Ordinateur (n. m.)
  [ɔʀdinatœʀ] ....
Parent (n. m.) [paʀã] ....
Père (n. m.) [pɛʀ] ....
Petite-fille (n. f.) [pətitfij] ....
Petit-fils (n. m.) [pətifis] ....
Petits-enfants (n. m.)
  [pətizãfã] ....
Portable (n. m.) [pɔʀtabl] ....
Production (n. f.)
  [pʀɔdyksjõ] ....

Professeur (n. m.)
[pʀɔfesœʀ] ....
Quoi (pron. interrog.)
[kwa] ....
Responsabilité (n. f.)
[ʀɛspɔ̃sabilite] ....
Satisfait(e) adj. [satisfɛ] ....
Sœur (n. f.) [sœʀ] ....
Télécommunication (n. f.)
[telekɔmynikasjɔ̃] ....
Téléphone (n. m.) [telefɔn] ....
Travailler (v.) [tʀavaje] ....
Usine (n. f.) [yzin] ....
Voiture (n. f.) [vwatyʀ] ....

U2 Document C

Affaire (n. f.) [afɛʀ] ....
Aimer (v.) [eme] ....
Alors (adv.) [alɔʀ] ....
Apprécier (v.) [apʀesje] ....
Art (n. m.) [aʀ] ....
Avion (n. m.) [avjɔ̃] ....
Beaucoup (adv.) [boku] ....
Classe (n. f.) [klas] ....
Classique (adj.) [klasik] ....
Client (n. m.) [klijɑ̃] ....
Conjugaison (n. f.)
[kɔ̃ʒygɛzɔ̃] ....
Consulter (v.) [kɔ̃sylte] ....
Correspondant (n. m.)
[kɔʀɛspɔ̃dɑ̃] ....
Dessin animé (n. m.)
[desɛ̃anime] ....
Détester (v.) [detɛste] ....
Dîner (n. m.) [dine] ....
Discuter (v.) [diskyte] ....
Documentaire (n. m.)
[dɔkymɑ̃tɛʀ] ....
Dossier (n. m.) [dosje] ....
Écouter (v.) [ekute] ....
Étranger (n. m.) [etʀɑ̃ʒe] ....
Étudier (v.) [etydje] ....
Expliquer (v.) [ɛksplike] ....
Faire (v.) [fɛʀ] ....
Film (n. m.) [film] ....
Football (n. m.) [futbol] ....
Grammaire (n. f.)
[gʀam(m)ɛʀ] ....
Gymnastique (n. f.)
[ʒimnastik] ....
Histoire (n. f.) [istwaʀ] ....
Information (n. f.)
[ɛ̃fɔʀmasjɔ̃] ....
Jamais (adv.) [ʒamɛ] ....
Jazz (n. m.) [dʒaz] ....
Jouer (v.) [ʒue] ....
Lettre (n. f.) [lɛtʀ] ....
Livre (n. m.) [livʀ] ....
Malade (adj.) [malad] ....
Manger (v.) [mɑ̃ʒe] ....
Mathématique (n. f.)
[matematik] ....
Messagerie (n. f.)
[mesaʒʀi] ....
Moderne (adj.) [mɔdɛʀn] ....
Montrer (v.) [mɔ̃tʀe] ....
Mots-croisés (n. m.)
[mokʀwaze] ....
Musique (n. f.) [myzik] ....

Parce que (conj.) [paʀskə] ....
Parler (v.) [paʀle] ....
Pendant (adv.) [pɑ̃dɑ̃] ....
Phrase (n. f.) [fʀaz] ....
Planning (n. m.) [planiŋ] ....
Plateau-repas (n. m.)
[platoʀəpa] ....
Politique (n. f.) [politik] ....
Poser (v.) [poze] ....
Préférer (v.) [pʀefeʀe] ....
Préparer (v.) [pʀepaʀe] ....
Proposer (v.) [pʀɔpoze] ....
Quelquefois (adv.)
[kɛlkəfwa] ....
Question (n. f.) [kɛstjɔ̃] ....
Radio (n. f.) [ʀadjo] ....
Rarement (adv.) [ʀaʀmɑ̃] ....
Regarder (v.) [ʀəgaʀde] ....
Rencontrer(v.) [ʀɑ̃kɔ̃tʀe] ....
Rendez-vous (n. m.)
[ʀɑ̃devu] ....
Répéter (v.) [ʀepete] ....
Restaurant (n. m.) [ʀɛstɔʀɑ̃] ....
Réunion (n. f.) [ʀeynjɔ̃] ....
Ski (n. m.) [ski] ....
Souvent (adv.) [suvɑ̃] ....
Taper (v.) [tape] ....
Tard (adv.) [taʀ] ....
Téléphoner (v.) [telefɔne] ....
Tennis (n. m.) [tenis] ....
Thé (n. m.) [te] ....
Théâtre (n. m.) [teatʀ] ....
Toujours (adv.) [tuʒuʀ] ....
Touriste (n. m.) [tuʀist] ....
Vin (n. m.) [vɛ̃] ....
Vocabulaire (n. m.)
[vɔkabylɛʀ] ....
Vol (n. m.) [vɔl] ....
Voyager (v.) [vwajaʒe] ....

U2 Document D

Après-midi (n. m.)
[apʀɛmidi] ....
Arriver (v.) [aʀive] ....
Beau (adj.) [bo] ....
Bleu (adj.) [blø] ....
Bon(ne) (adj.) [bɔ̃/bɔn] ....
Chaud (adj.) [ʃo] ....
Ciel (n. m.) [sjɛl] ....
Clair (adj.) [klɛʀ] ....
Compagnie (n. f.) [kɔ̃paɲi] ....
Degré (n. m.) [dəgʀe] ....
Destination (n. f.)
[dɛstinasjɔ̃] ....
Fin (n. f.) [fɛ̃] ....
Final(e) (adj.) [final] ....
Froid (adj.) [fʀwa] ....
Neiger (v.) [neʒe] ....
Nuage (n. m.) [nɥaʒ] ....
Nuageux (adj.) [nɥaʒø] ....
Pleuvoir (v.) [pløvwaʀ] ....
Séjour (n. m.) [seʒuʀ] ....
Soirée (n. f.) [swaʀe] ....
Sol (n. m.) [sɔl] ....
Soleil (n. m.) [sɔlɛj] ....
Souhaiter (v.) [swete] ....
Température (n. f.)
[tɑ̃peʀatyʀ] ....
Vacances (n. f.) [vakɑ̃s] ....
Vent (n. m.) [vɑ̃] ....

UNITÉ 3

U3 Document A

Aéroport (n. m.)
[aeʀopɔʀ] ....
Ami(e) (n.) [ami] ....
Appareil (n. m.) [apaʀɛj] ....
Appel (n. m.) [apɛl] ....
Bien (adv.) [bjɛ̃] ....
Budget (n. m.) [bydʒɛ] ....
Chercher (v.) [ʃɛʀʃe] ....
Conférence (n. f.)
[kɔ̃feʀɑ̃s] ....
Conversation (n. f.)
[kɔ̃vɛʀsasjɔ̃] ....
Dimanche (n. m.) [dimɑ̃ʃ] ....
Gare (n. f.) [gaʀ] ....
Hôpital (n. m.) [opital] ....
Important (adj.) [ɛ̃pɔʀtɑ̃] ....
Interview (n. f.)
[ɛ̃tɛʀvju/intɛʀvju] ....
Jeudi (n. m.) [ʒødi] ....
Journée (n. f.) [ʒuʀne] ....
Lundi (n. m.) [lœ̃di] ....
Maison (n. f.) [mɛzɔ̃] ....
Mardi (n. m.) [maʀdi] ....
Matin (n. m.) [matɛ̃] ....
Mercredi (n. m.)
[mɛʀkʀədi] ....
Numéro (n. m.) [nymeʀo] ....
Raison (n. f.) [ʀɛzɔ̃] ....
Rappeler (v.) [ʀaple] ....
Renseignement (n. m.)
[ʀɑ̃sɛɲmɑ̃] ....
Samedi (n. m.) [samdi] ....
Soir (n. m.) [swaʀ] ....
Stagiaire (n.) [staʒjɛʀ] ....
Surprise (n. f.) [syʀpʀiz] ....
Terminer (v.) [tɛʀmine] ....
Vendredi (n. m.) [vɑ̃dʀədi] ....

U3 Document B

Absent(e) (adj. et n.)
[absɑ̃(t)] ....
Assister (v.) [asiste] ....
Attendre (v.) [atɑ̃dʀ] ....
Communiquer (v.)
[komynike] ....
Contacter (v.) [kɔ̃takte] ....
Coordonnées (n. plu.)
[koɔʀdɔne] ....
Descendre (v.) [desɑ̃dʀ] ....
Désolé(e) (adj.) [dezɔle] ....
Entendre (v.) [ɑ̃tɑ̃dʀ] ....
Financier (n. m.) [finɑ̃sje] ....
Ligne (n. f.) [liɲ] ....
Moment (n. m.) [mɔmɑ̃] ....
Poste (n. m.) [pɔst] ....
Pouvoir (v.) [puvwaʀ] ....
Prendre (v.) [pʀɑ̃dʀ] ....
Problème (n. m.)
[pʀɔblɛm] ....
Remercier (n. m.)
[ʀəmɛʀsje] ....
Répondre (v.) [ʀepɔ̃dʀ] ....
Saluer (v.) [salɥe] ....
Stage (n. m.) [staʒ] ....
Sujet (n. m.) [syʒɛ] ....

Téléphonique (adj.)
[telefonik] ....
Urgent (adj.) [yRʒɑ̃] ....
Vendeur(se) (n.)
[vɑ̃dœR/vɑ̃dəz] ....

U3 Document C

Anniversaire (n. m.)
[anivɛRsɛR] ....
Apéritif (n. m.) [aperitif] ....
Bip (n. m.) [bip] ....
Boîte vocale (n. f.)
[bwatvɔkal] ....
Choisir (v.) [ʃwaziR] ....
Cinéma (n. m.) [sinema] ....
Concert (n. m.) [kɔ̃sɛR] ....
Disponible (adj.)
[disponibl] ....
Fête (n. f.) [fɛt] ....
Finir (v.) [finiR] ....
Inauguration (n. f.)
[inogyRasjɔ̃] ....
Invité(e) (n.) [ɛ̃vite] ....
Inviter (v.) [ɛ̃vite] ....
Laisser (v.) [lese] ....
Libre (adj.) [libR] ....
Mairie (n. f.) [mɛRi] ....
Mariage (n. m.) [maRjaʒ] ....
Message (n. m.) [mesaʒ] ....
Musée (n. m.) [myze] ....
Occasion (n. f.) [ɔkasjɔ̃] ....
Opéra (n. m.) [opeRa] ....
Organiser (v.) [ɔRganize] ....
Ouverture (n. f.)
[uvɛRtyR] ....
Parc (n. m.) [paRk] ....
Pièce (n. f.) [pjɛs] ....
Projection (n. f.)
[pRoʒɛksjɔ̃] ....
Répondeur (n. m.)
[Repɔ̃dœR] ....
Sondage (n. m.) [sɔ̃daʒ] ....
Sonore (adj.) [sɔnɔR] ....
Spectacle (n. m.)
[spɛktakl] ....
Stand (n. m.) [stɑ̃d] ....
Télévision (n. f.)
[televizjɔ̃] ....
Temps (n. m.) [tɑ̃] ....
Visiter (v.) [vizite] ....
Voir (v.) [vwaR] ....
Voix (n. f.) [vwa] ....

U3 Document D

Ajouter (v.) [aʒute] ....
Amicalement (adv.)
[amikalmɑ̃] ....
Annuler (v.) [anyle] ....
Avec (prep. et adv.) [avɛk] .....
Bise (n. f.) [biz] ....
Cher (chère) (adj.) [ʃɛR] ....
Coller (v.) [kɔle] ....
Conducteur(trice) (n.)
[kɔ̃dyktœR/kɔ̃dyktRis] ....
Copier (v.) [kɔpje] ....
Cordialement (adv.)
[kɔRdjalmɑ̃] ....
Couper (v.) [kupe] ....

Crier (v.) [kRije] ....
Débat (n. m.) [deba] ....
Destinataire (n.)
[dɛstinatɛR] ....
Devoir (v.) [dəvwaR] ....
Dire (v.) [diR] ....
Envoyer (v.) [ɑ̃vwaje] ....
Expéditeur (n. m.)
[ɛkspeditœR] ....
Fixer (v.) [fikse] ....
Imprimer (v.) [ɛ̃pRime] ....
Joindre (v.) [ʒwɛ̃dR] ....
Joint(e) (adj.) [ʒwɛ̃(t)] ....
Liste (n. f.) [list] ....
Logo (n. m.) [logo] ....
Mettre (v.) [mɛtR] ....
Mode (n. m.) [mɔd] ....
Nouveau / nouvelle (adj.)
[nuvo/nuvɛl] ....
Payer (v.) [peje] ....
Politesse (n. f.) [politɛs] ....
Portable (n. m.) [pɔRtabl] ......
Salutation (n. f.)
[salytasjɔ̃] ....
Sincère (adj.) [sɛ̃sɛR] ....
Thème (n. m.) [tɛm] ....
Vibreur (n. m.) [vibRœR] ....

UNITÉ 4
U4 Document A

Abonnement (n. m.)
[abɔnmɑ̃] ....
Agence (n. f.) [aʒɑ̃s] ....
Aller (n. m.) [ale] ....
Arrivée (n. f.) [aRive] ....
Assis (adj.) [asi] ....
Billet (n. m.) [bijɛ] ....
Cadran (n. m.) [kadRɑ̃] ....
Changement (n. m.)
[ʃɑ̃ʒmɑ̃] ....
Commande (n. f.)
[kɔmɑ̃d] ....
Confort (n. m.) [kɔ̃fɔR] ....
Conserver (v.) [kɔ̃sɛRve] ....
Couloir (n. m.) [kulwaR] ....
Coûter (v.) [kute] ....
Combien (adv.) [kɔ̃bjɛ̃] ....
Contrôleur (n. m.)
[kɔ̃tRolœR] ....
Départ (n. m.) [depaR] ....
Direct(e) (adj.) [diRɛkt] ....
Fenêtre (n. f.) [fənɛtR] ....
Fidélité (n. f.) [fidelite] ....
Fumeur (n. m.) [fymœR] ....
Guichet (n. m.) [giʃɛ] ....
Indifférent (adj.) [ɛ̃difeRɑ̃] ......
Métier (n. m.) [metje] ....
Normal(e) (adj.) [nɔRmal] ......
Participer (v.) [paRtisipe] ....
Partir (v.) [paRtiR] ....
Période (n. f.) [peRjɔd] ....
Personne (n. f.) [pɛRsɔn] ....
Place (n. f.) [plas] ....
Prix (n. m.) [pRi] ....
Réduction (n. f.)
[Redyksjɔ̃] ....
Réservation (n. f.)
[RezɛRvasjɔ̃] ....
Retour (n. m.) [RətuR] ....

Satisfait (adj.) [satisfɛ] ....
Senior (n. m.) [senjɔR] ....
Ticket (n. m.) [tikɛ] ....
Train (n. m.) [tRɛ̃] ....
Voyageur (n. m.)
[vwajaʒœR] ....

U4 Document B

Accessoire (n. m.)
[akseswaR] ....
Accueil (n. m.) [akœj] ....
Alcool (n. m.) [alkɔl] ....
Apprendre (v.)
[apRɑ̃dR] ....
Automatique (adj.)
[otomatik] ....
Bijou (n. m.) [biʒu] ....
Bijouterie (n. f.) [biʒutRi] ....
Chocolat (n. m.) [ʃokola] ....
Cigarette (n. f.) [sigaRɛt] ....
Comprendre (n. m.)
[kɔ̃pRɑ̃dR] ....
Consigne (n. f.) [kɔ̃siɲ] ....
(À) Côté (loc. prép.)
[(a)kote] ....
Dedans (prép.) [dədɑ̃] ....
Derrière (prép.)
[dɛRjɛR] ....
Dessous (prép.) [dəsu] ....
Dessus (prép.) [dəsy] ....
Devant (prép.) [dəvɑ̃] ....
Distributeur (n. m.)
[distRibytœR] ....
Droite (adj.) [dRwat] ....
Eau de toilette (n. f.)
[odtwalɛt] ....
En face (prép.) [ɑ̃fas] ....
Entre (prép.) [ɑ̃tR] ....
Étage (n. m.) [etaʒ] ....
Gauche (adj.) [goʃ] ....
Horlogerie (n. f.)
[ɔRlɔʒRi] ....
Librairie (n. f.)
[libReRi] ....
Magazine (n. m.)
[magazin] ....
Maquillage (n. m.)
[makijaʒ] ....
Maroquinerie (n. f.)
[maRokinRi] ....
Mode (n. f.) [mɔd] ....
Montre (n. f.) [mɔ̃tR] ....
Parfumerie (n. f.)
[paRfymRi] ....
Pharmacie (n. f.)
[faRmasi] ....
Plan (n. m.) [plɑ̃] ....
Point (n. m.) [pwɛ̃] ....
Portefeuille (n. m.)
[pɔRtəfœj] ....
Premier (adj.) [pRəmje] ....
Presse (n. f.) [pRɛs] ....
Provenance (n. f.)
[pRovnɑ̃s] ....
Régional (adj.)
[Reʒjonal] ....
Savoir (v.) [savwaR] ....
Sous (prép.) [su] ....

Souvenir (n. m.)
[suvniʀ] ....
Sur (prép.) [syʀ] ....
Tabac (n. m.) [taba] ....
Toilettes (n. f. plur.)
[twalɛt] ....
Venir (v.) [vəniʀ] ....
Voie (n. f.) [vwa] ....

U4 Document C

Banlieue (n. f.) [bɑ̃ljø] ....
Bateau (n. m.) [bato] ....
Boisson (n. f.) [bwasɔ̃] ....
Bus (n. m.) [bys] ....
Changer (v.) [ʃɑ̃ʒe] ....
Chauffeur (n. m.) [ʃofœʀ] ....
Composter (v.) [kɔ̃poste] ....
Composteur (n. m.)
[kɔ̃pɔstœʀ] ....
Contrôle (n. m.) [kɔ̃tʀol] ....
Directement (adv.)
[diʀɛktəmɑ̃] ....
Direction (n. f.)
[diʀɛksjɔ̃] ....
Ensuite (adv.) [ɑ̃sɥit] ....
Indication (n. f.) [ɛ̃dikasjɔ̃] ....
Itinéraire (n. m.) [itineʀɛʀ] ....
Livrer (v.) [livʀe] ....
Métro (n. m.) [metʀo] ....
Moto (n. f.) [moto] ....
Pilote (n. m.) [pilɔt] ....
Puis (adv.) [pɥi] ....
Quai (n. m.) [kɛ] ....
Quelquefois (adv.)
[kɛlkəfwa] ....
Rentrer (v.) [ʀɑ̃tʀe] ....
Reprendre (v.) [ʀəpʀɑ̃dʀ] ....
Se trouver (v. pro.)
[sətʀuve] ....
Station (n. f.) [stasjɔ̃] ....
Taxi (n. m.) [taksi] ....
Trajet (n. m.) [tʀaʒɛ] ....
Utiliser (v.) [ytilize] ....

U4 Document D

Acheter (v.) [aʃte] ....
Arrêt (n. m.) [aʀɛ] ....
Bénéfice (n. m.) [benefis] ....
Centre-ville (n. m.)
[sɑ̃tʀəvil] ....
Chanson (n. f.) [ʃɑ̃sɔ̃] ....
Circuler (v.) [siʀkyle] ....
Cours (n. m.) [kuʀ] ....
Créer (v.) [kʀee] ....
Desservir (v.) [desɛʀviʀ] ....
Facilement (adv.)
[fasilmɑ̃] ....
Fermeture (n. f.)
[fɛʀmətyʀ] ....
Festival (n. m.) [fɛstival] ....
Galerie (n. f.) [galʀi] ....
Habitant (n. m.) [abitɑ̃] ....
Horaire (n. m.) [ɔʀɛʀ] ....
Inscription (nf.) [ɛ̃skʀipsjɔ̃] ....
Prochain (adj.) [pʀoʃɛ̃] ....
Quartier (n. m.) [kaʀtje] ....
Tenue (n. f.) [təny] ....
Valable (adj.) [valabl] ....

UNITÉ 5
U5 Document A

Accepté(e) (adj.)
[aksɛpte] ....
Accès (n. m.) [aksɛ] ....
Accueillant (adj.)
[akœjɑ̃] ....
Animal (n. m.) [animal] ....
Auberge (n. f.) [obɛʀʒ] ....
Barman (n. m.)
[baʀman] ....
Bungalow (n. m.)
[bɛ̃galo] ....
Calme (adj.) [kalm] ....
Campagne (n. f.) [kɑ̃paɲ] ....
Canapé (n. m.) [kanape] ....
Catalogue (n. m.)
[katalɔg] ....
Chambre (n. f.) [ʃɑ̃bʀ] ....
Chaque (adj.) [ʃak] ....
Climatisé(e) (adj.)
[klimatize] ....
Commander (v.) [kɔmɑ̃de] ....
Compétent (adj.) [kɔ̃petɑ̃] ....
Compris(e) (adj.) [kɔ̃pʀi] ....
Comptable (n. m.)
[kɔ̃tabl] ....
Connexion (n. f.)
[kɔnɛksjɔ̃] ....
Content (adj.) [kɔ̃tɑ̃] ....
Cuisinier (n. m.) [kɥizinje] ....
Décoration (n. f.)
[dekɔʀasjɔ̃] ....
Description (n. f.)
[dɛskʀipsjɔ̃] ....
Document (n. m.)
[dɔkymɑ̃] ....
Douche (n. f.) [duʃ] ....
Éclairer (v.) [ekleʀe] ....
Élégant (adj.) [elegɑ̃] ....
Étoile (n. f.) [etwal] ....
Exceptionnel(le) (adj.)
[ɛksɛpsjɔnɛl] ....
Facile (adj.) [fasil] ....
Femme de chambre (n. f.)
[famdəʃɑ̃bʀ] ....
Gentil(le) (adj.) [ʒɑ̃ti/ʒɑ̃tij] ....
Grand (adj.) [gʀɑ̃] ....
Groom (n. m.) [gʀum] ....
Hôtel (n. m.) [otɛl] ....
Inclus(e) (adj.) [ɛ̃kly] ....
Intelligent (adj.) [ɛ̃teliʒɑ̃] ....
Jardin (n. m.) [ʒaʀdɛ̃] ....
Jeune (adj.) [ʒœn] ....
Joli(e) (adj.) [ʒoli] ....
Localisation (n. f.)
[lɔkalizasjɔ̃] ....
Maître d'hôtel (n. m.)
[mɛtʀdotɛl] ....
Ménage (n. m.) [menaʒ] ....
Mer (n. f.) [mɛʀ] ....
Montagne (n. f.) [mɔ̃taɲ] ....
Nautique (adj.) [notik] ....
Nuit (n. f.) [nɥi] ....
Ouvert(e) (adj.) [uvɛʀ(t)] ....
Par (prép. et adv.) [paʀ] ....
Parking (n. m.) [paʀkiɲ] ....
Personnalisé(e) (adj.) [pɛʀsɔnalize] ......

Petit déjeuner (n. m.)
[ptidejøne] ....
Piscine (n. f.) [pisin] ....
Plage (n. f.) [plaʒ] ....
Portier (n. m.) [pɔʀtje] ....
Prestations (n. m. plu.)
[pʀɛstasjɔ̃] ....
Privé(e) (adj.) [pʀive] ....
Proximité (n. f.) [pʀɔksimite] ....
Publicité (n. f.) [pyblisite] ....
Salle de bains (n. f.)
[saldəbɛ̃] ....
Séjour (n. m.) [seʒuʀ] ....
Séjourner (v.) [seʒuʀne] ....
Simple (adj.) [sɛ̃pl] ....
Tarif (n. m.) [taʀif] ....
Taxe (n. f.) [taks] ....
Touriste (n.) [tuʀist] ....
Tout(e) (pron.) [tu(t)] ....
Tramway (n. m.) [tʀamwɛ] ....
Triple (n. m.) [tʀipl] ....

U5 Document B

Clé (n. f.) [kle] ....
Continental(e) (adj.)
[kɔ̃tinɑ̃tal] ....
Détail (n. m.) [detaj] ....
Garer (v.) [gaʀe] ....
Impeccable (adj.) [ɛ̃pekabl] ....
Mobile (adj.) [mobil] ....
Nombre (n. m.) [nɔ̃bʀ] ....
(S') occuper (v. pron.)
[(s)ɔkype] ....
Pratique (n. f.) [pʀatik] ....
Propre (adj.) [pʀɔpʀ] ....
Rendre (v.) [ʀɑ̃dʀ] ....
Repartir (v.) [ʀəpaʀtiʀ] ....
Réserver (v.) [ʀezɛʀve] ....
Servir (v.) [sɛʀviʀ] ....
Type (n. m.) [tip] ....

U5 Document C

Aménagé(e) (adj.)
[amenaʒe] ....
Annonce (n. f.) [anɔ̃s] ....
Appartement (n. m.)
[apaʀtəmɑ̃] ....
Ascenseur (n. m.) [asɑ̃sœʀ] ....
Balcon (n. m.) [balkɔ̃] ....
Cave (n. f.) [kav] ....
Charge (n. f.) [ʃaʀʒ] ....
Chauffage (n. m.) [ʃofaʒ] ....
Chèque (n. m.) [ʃɛk] ....
Cuisine (n. f.) [kɥizin] ....
Équipé(e) (adj.) [ekipe] ....
État (n. m.) [eta] ....
Expatrié(e) (n.)
[ɛkspatʀije] ....
Fermé(e) (adj.) [fɛʀme] ....
Garage (n. m.) [gaʀaʒ] ....
Gaz (n. m.) [gaz] ....
Hors (prép.) [ɔʀ] ....
Immeuble (n. m.) [imœbl] ....
Louer (v.) [lwe] ....
Loyer (n. m.) [lwaje] ....
Meublé(e) (adj.) [mœble] ....
Moquette (n. f.) [mɔkɛt] ....
Parquet (n. m.) [paʀkɛ] ....

Petit(e) (adj.) [pəti(t)] ....
Propriétaire (n.)
[pʀɔpʀijetɛʀ] ....
Rechercher (v.) [ʀəʃɛʀʃe] ....
Remplir (v.) [ʀɑ̃pliʀ] ....
Sous-sol (n. m.) [susɔl] ....
Splendide (adj.) [splɑ̃did] ....
Studio (n. m.) [stydjo] ....
Surface (n. f.) [syʀfas] ....
Vue (n. f.) [vy] ....

U5 Document D

Agréer (v.) [aɡʀee] ....
Aménager (v.) [amenaʒe] ....
Ancien(ne) (adj.) [ɑ̃sjɛ̃/ɑ̃sjɛn] ....
Assez (adv.) [ase] ....
Attente (n. f.) [atɑ̃t] ....
Augmenter (v.) [ɔɡmɑ̃te] ....
Bail (n. m.) [baj] ....
Caution (n. f.) [kosjɔ̃] ....
Civilité (n. f.) [sivilite] ....
Comme (adv.) [kɔm] ....
Complémentaire (adj.)
[kɔ̃plemɑ̃tɛʀ] ....
Concept (n. m.) [kɔ̃sɛpt] ....
Conclusion (n. f.)
[kɔ̃klyzjɔ̃] ....
Décrire (v.) [dekʀiʀ] ....
Décorer (v.) [dekɔʀe] ....
Déménager (v.)
[demenaʒe] ....
Dernier (dernière) (adj.)
[dɛʀnje/dɛʀnjɛʀ] ....
Disposition (n. f.)
[dispozisjɔ̃] ....
Distingué(e) (adj.)
[distɛ̃ge] ....
État des lieux (n. m.)
[etadeljø] ....
Événement (n. m.)
[evenmɑ̃] ....
Fonctionnel(le) (adj.)
[fɔ̃ksjɔnɛl] ....
Formule (n. f.) [fɔʀmyl] ....
Gérant(e) (n.) [ʒeʀɑ̃(t)] ....
Identification (n. f.)
[idɑ̃tifikasjɔ̃] ....
Intention (n. f.) [ɛ̃tɑ̃sjɔ̃] ....
Immobilier (immobilière) (adj.)
[im(m)obilje] ....
Individuel(le) (adj.)
[ɛ̃dividɥɛl] ....
Introduction (n. f.)
[ɛ̃tʀodyksjɔ̃] ....
Local (n. m.) [lokal] ....
Locataire (n.) [lokatɛʀ] ....
Location (n. f.) [lokasjɔ̃] ....
Lumineux(se) (adj.)
[lyminø(z)] ....
Magnifique (adj.)
[maɲifik] ....
Motif (n. m.) [motif] ....
Mourir (v.) [muʀiʀ] ....
Nuance (n. f.) [nɥɑ̃s] ....
Papier peint (n. m.)
[papjepɛ̃] ....
Passé(e) (adj.) [pase] ....
Préavis (n. m.) [pʀeavi] ....
Prier (v.) [pʀije] ....

Raconter (v.) [ʀakɔ̃te] ....
Recherche (n. f.)
[ʀəʃɛʀʃ] ....
Référence (n. f.)
[ʀefeʀɑ̃s] ....
Réponse (n. f.) [ʀepɔ̃s] ....
Salutation (n. f.)
[salytasjɔ̃] ....
Semaine (n. f.) [səmɛn] ....
Signer (v.) [siɲe] ....
Situé(e) (adj.) [sitɥe] ....
Spacieux(se) (adj.)
[spasjø] ....
Suite à (prép.) [sɥit] ....
Titre (n. m.) [titʀ] ....
Très (adv.) [tʀɛ] ....
Trouver (v.) [tʀuve] ....
Valise (n. f.) [valiz] ....

UNITÉ 6

U6 Document A

Abricot (n. m.) [abʀiko]
Addition (n. f.) [adisjɔ̃]
Ail (n. m.) [aj]
Ananas (n. m.)
[anana(s)]
Artichaut (n. m.) [aʀtiʃo]
Asperge (n. f.) [aspɛʀʒ]
Assiette (n. f.) [asjɛt]
Aubergine (n. f.)
[obɛʀʒin]
Avocat (n. m.) [avoka]
Banane (n. f.) [banan]
Beurre (n. m.) [bœʀ]
Bière (n. f.) [bjɛʀ]
Bistrot (n. m.) [bistʀo] ....
Boire (v.) [bwaʀ]
Boîte (n. f.) [bwat]
Botte (n. f.) [bɔt]
Bouquet (n. m.) [bukɛ]
Bouteille (n. f.) [butɛj]
Canette (n. f.) [kanɛt]
Caramel (n. m.)
[kaʀamɛl]
Carotte (n. f.) [kaʀɔt]
Carte (n. f.) [kaʀt]
Cerise (n. f.) [səʀiz]
Chou (n. m.) [ʃu]
Chou-fleur (n. m.)
[ʃuflœʀ]
Citron (n. m.) [sitʀɔ̃]
Convenir (v.) [kɔ̃vniʀ]
Courgette (n. f.) [kuʀʒɛt]
Couvert (n. m.) [kuvɛʀ]
Crème (n. f.) [kʀɛm]
Crêpe (n. f.) [kʀɛp]
Crevette (n. f.) [kʀəvɛt]
Croissant (n. m.)
[kʀwasɑ̃]
Croûton (n. m.) [kʀutɔ̃] ....
Crudité (n. f.) [kʀydite] ....
Cuit(e) (adj.) [kɥi(t)]
Dentifrice (n. m.)
[dɑ̃tifʀis]
Désirer (v.) [deziʀe]
Dessert (n. m.) [desɛʀ]
Domicile (n. m.)
[domisil]
Entrée (n. f.) [ɑ̃tʀe]

Escargot (n. m.) [ɛskaʀgo] ....
Exotique (adj.) [egzɔtik] ....
Farine (n. f.) [faʀin] ....
Flacon (n. m.) [flakɔ̃]
Flambé(e) (adj.) [flɑ̃be]
Fleur (n. f.) [flœʀ]
Four (n. m.) [fuʀ]
Frais / fraîche (adj.)
[fʀɛ(ʃ)]
Fraise (n. f.) [fʀɛz]
Framboise (n. f.)
[fʀɑ̃bwaz]
Fromage (n. f.)
[fʀomaʒ]
Fruit (n. m.) [fʀɥi]
Fumé(e) (adj.) [fyme]
Gazeux(se) (adj.)
[gazø(z)]
Gratuit(e) (adj.)
[gʀatɥi(t)]
Grillé(e) (adj.) [gʀije]
Haricot vert (n. m.)
['aʀikovɛʀ]
Huile (n. f.) [ɥil]
Huître (n. f.) [ɥitʀ]
Jambon (n. m.) [ʒɑ̃bɔ̃]
Lait (n. m.) [lɛ]
Livraison (n. f.) [livʀɛzɔ̃]
Livrer (v.) [livʀe]
Maïs (n. m.) [mais]
Melon (n. m.) [məlɔ̃]
Même (pron. et adv.)
[mɛm]
Menu (n. m.) [məny] ....
Minérale (adj.)
[mineʀal]
Œuf (n. m.) [œf]
Oignon (n. m.) [ɔɲɔ̃]
Olive (n. f.) [ɔliv]
Orange (n. f.) [ɔʀɑ̃ʒ]
Pain (n. m.) [pɛ̃]
Paquet (n. m.) [pakɛ]
Parfum (n. m.) [paʀfœ̃]
Pâtes (n. f. plu.) [pɑt]
Pêche (n. f.) [pɛʃ]
Piment (n. m.) [pimɑ̃]
Pizza (n. f.) [pidza]
Plat (n. m.) [pla]
Poire (n. f.) [pwaʀ]
Poisson (n. m.) [pwasɔ̃]
Poivron (n. m.)
[pwavʀɔ̃]
Pomme (n. f.) [pɔm] ....
Pomme de terre (n. f.)
[pɔmdətɛʀ]
Pot (n. m.) [po]
Poulet (n. m.) [pulɛ]
Principal(e) (adj.)
[pʀɛ̃sipal]
Radis (n. m.) [ʀadi]
Raisin (n. m.) [ʀezɛ̃]
Régime (n. m.) [ʀeʒim]
Rhum (n. m.) [ʀɔm]
Riz (n. m.) [ʀi] ....
Rose (n. f.) [ʀoz]
Rouge (adj.) [ʀuʒ]
Salade (n. f.) [salad] ....
Sauce (n. f.) [sos]
Saumon (n. m.) [somɔ̃]
Sel (n. m.) [sɛl]

Sorbet (n. m.) [sɔʀbɛ] ....
Steak (n. m.) [stɛk] ....
Sucre (n. m.) [sykʀ] ....
Table (n. f.) [tabl] ....
Tarte (n. f.) [taʀt] ....
Thon (n. m.) [tɔ̃] ....
Tomate (n. f.) [tɔmat] ....
Tube (n. m.) [tyb] ....
Végétarien(ne) (n.)
   [veʒetaʀjɛ̃/veʒetaʀjɛn] ....
Vinaigre (n. m.) [vinɛgʀ] ....
Yaourt (n. m.) [jauʀt] ....

U6 Document B

Air (n. m.) [ɛʀ] ....
Apporter (v.) [apɔʀte] ....
Conditionné(e) (adj.)
   [kɔ̃disjɔne] ....
Délicieux (adj.) [delisjø] ....
Désagréable (adj.)
   [dezagʀeabl] ....
Dur(e) (adj.) [dyʀ] ....
Énervé(e) (adj.) [enɛʀve] ....
Épicé(e) (adj.) [epise] ....
Exaspérant(e) (adj.)
   [ɛgzaspeʀɑ̃(t)] ....
Exaspéré(e) (adj.)
   [ɛgzaspeʀe] ....
Excellent(e) (adj.)
   [ɛkselɑ̃] ....
Excuse (n. f.) [ɛkskyz] ....
Forêt (n. f.) [foʀɛ] ....
Fort(e) (adj.) [fɔʀ] ....
Génial (adj.) [ʒeɲal] ....
Inacceptable (adj.)
   [inaksɛptabl] ....
Inaccessible (adj.)
   [inaksɛsibl] ....
Inadmissible (adj.)
   [inadmisibl] ....
Légume (n. m.) [legym] ....
Long(ue) (adj.) [lɔ̃(g)] ....
Mécontent(e) (adj.)
   [mekɔ̃tɑ̃] ....
Modèle (n. m.) [modɛl] ....
Poli(e) (adj.) [poli] ....
Reproche (n. m.)
   [ʀəpʀɔʃ] ....
Sale (adj.) [sal] ....
Salé(e) (adj.) [sale] ....
Solution (n. f.) [solysjɔ̃] ....
Sucré(e) (adj.) [sykʀe] ....
Trop (adv.) [tʀo] ....
Viande (n. f.) [vjɑ̃d] ....

U6 Document C

Accompagner (v.)
   [akɔ̃paɲe] ....
Alimentaire (adj.)
   [alimɑ̃tɛʀ] ....
Après (prép. et adv.)
   [apʀɛ] ....
Bœuf (n. m.) [bœf] ....
Cadre (n. m.) [kadʀ] ....
Cafétéria (n. f.)
   [kafeteʀja] ....
Calorie (n. f.) [kalɔʀi] ....
Cantine (n. f.) [kɑ̃tin] ....

Céréale (n. m.) [seʀeal] ....
Commencer (v.) [kɔmɑ̃se] ....
Concombre (n. m.)
   [kɔ̃kɔ̃bʀ] ....
Conseil (n. m.) [kɔ̃sɛj] ....
D'abord (adv.) [dabɔʀ] ....
Déjeuner (v.) [deʒøne] ....
Diététicien (n. m.)
   [djetetisjɛ̃] ....
Enquête (n. f.) [ɑ̃kɛt] ....
Épinard (n. m.) [epinaʀ] ....
Équilibré(e) (adj.)
   [ekilibʀe] ....
Gastronomique (adj.)
   [gastʀɔnɔmik] ....
(En) général (adv.)
   [(ɑ̃)ʒeneʀal] ....
Guide (n. m.) [gid] ....
Habitude (n. f.) [abityd] ....
Habituel (adj.) [abituɛl] ....
Indispensable (adj.)
   [ɛ̃dispɑ̃sabl] ....
Journal (n. m.) [ʒuʀnal] ....
Rapidement (adv.)
   [ʀapidmɑ̃] ....
Repas (n. m.) [ʀɛpa] ....
Sandwich (n. m.) [sɑ̃dwitʃ] ....
Spécialisé(e) (adj.)
   [spesjalize] ....
Tableau (n. m.) [tablo] ....

U6 Document D

Agenda (n. m.) [aʒɛ̃da] ....
Aider (v.) [ede] ....
Aimable (adj.) [ɛmabl] ....
Assortiment (n. m.)
   [asɔʀtimɑ̃] ....
Attaché-case (n. m.)
   [ataʃekɛs] ....
Boutique (n. f.) [butik] ....
Cadeau (n. m.) [kado] ....
Camescope (n. m.)
   [kameskɔp] ....
Chausser (v.) [ʃose] ....
Chaussure (n. f.) [ʃosyʀ] ....
Choix (n. m.) [ʃwa] ....
Coffret (n. m.) [kɔfʀɛ] ....
Coloris (n. f.) [kɔlɔʀi] ....
Conseiller (v.) [kɔ̃seje] ....
Disque (n. m.) [disk] ....
Écharpe (n. f.) [eʃaʀp] ....
Écrivain (n. m.) [ekʀivɛ] ....
Épice (n. f.) [epis] ....
Essayer (v.) [eseje] ....
Foulard (n. m.) [fulaʀ] ....
Gâteau (n. m.) [gato] ....
Genre (n. m.) [ʒɑ̃ʀ] ....
Goût (n. m.) [gu] ....
Goûter (v.) [gute] ....
Gris(e) (adj.) [gʀi(z)] ....
Lampe (n. f.) [lɑ̃p] ....
Large (adj.) [laʀʒ] ....
Lent(e) (adj.) [lɑ̃(t)] ....
Magasin (n. m.) [magazɛ̃] ....
Marcher (v.) [maʀʃe] ....
Moins (adv. et prép.) [mwɛ̃] ....
Noir(e) (adj.) [nwaʀ] ....
Offrir (v.) [ɔfʀiʀ] ....
Original(e) (adj.) [ɔʀiʒinal] ....

Palet (n. m.) [palɛ] ....
Plus (adv. et prép.) [ply(s)] ....
Pointure (n. f.) [pwɛtyʀ] ....
Porte-document (n. m.)
   [pɔʀtdɔkymɑ̃] ....
Réfléchir (v.) [ʀefleʃiʀ] ....
Renseigner (v.) [ʀɑ̃seɲe] ....
Sac (n. m.) [sak] ....
Solde (n. m.) [sɔld] ....
Vert(e) (adj.) [vɛʀ(t)] ....
Vêtement (n. m.)
   [vɛtmɑ̃] ....

UNITÉ 7

U7 Document A

Accueillir (v.) [akœjiʀ] ....
Action (n. f.) [aksjɔ̃] ....
Activité (n. f.) [aktivite] ....
Adresser (v.) [adʀese] ....
Animer (v.) [anime] ....
Asiatique (adj.) [azjatik] ....
Autonome (n. m.)
   [otonom] ....
Autonomie (n. f.)
   [otonomi] ....
Basé(e) (adj.) [baze] ....
Bilingue (adj.) [bilɛ̃g] ....
Candidat (n. m.) [kɑ̃dida] ....
Candidature (n. f.)
   [kɑ̃didatyʀ] ....
Chargé(e) (adj.) [ʃaʀʒe] ....
Compétence (n. f.)
   [kɔ̃petas] ....
Connaissance (n. f.)
   [kɔnesɑ̃s] ....
Contact (n. m.) [kɔ̃takt] ....
Développer (v.) [devlɔpe] ....
Diplômé(e) (n.) [diplome] ....
Disponibilité (n. f.)
   [disponibilite] ....
Emploi (n. m.) [ɑ̃plwa] ....
Équipement (n. m.)
   [ekipmɑ̃] ....
Expérience (n. f.)
   [ɛkspeʀjɑ̃s] ....
Filiale (n. f.) [filjal] ....
Fonction (n. f.) [fɔ̃ksjɔ̃] ....
Formation (n. f.)
   [fɔʀmasjɔ̃] ....
Géographique (adj.)
   [ʒeɔgʀafik] ....
Gérer (v.) [ʒeʀe] ....
Gestion (n. f.) [ʒɛstjɔ̃] ....
Groupe (n. m.) [gʀup] ....
Industrie (n. f.) [ɛ̃dystʀi] ....
Intéressant(e) (adj.)
   [ɛ̃teʀesɑ̃(t)] ....
International(e) (adj.)
   [ɛ̃tɛʀnasjɔnal] ....
Laitier (laitière) (adj.)
   [letje/letjɛʀ] ....
Lancement (adv.)
   [lɑ̃smɑ̃] ....
Langue (n. f.) [lɑ̃g] ....
Maîtrise (n. f.) [mɛtʀiz] ....
Maîtriser (v.) [mɛtʀize] ....
Manuscrit(e) (adj.)
   [manyskʀi(t)] ....
Mission (n. f.) [misjɔ̃] ....

Motivation (n. f.) [mɔtivasjɔ̃] ....
Négociateur(trice) (n.) [negɔsjatœʀ/negɔsjatʀis] ....
Négociation (n. f.) [negɔsjasjɔ̃] ....
Négocier (v.) [negɔsje] ....
Offre (n. f.) [ɔfʀ] ....
Outil (n. m.) [uti] ....
Photo (n. f.) [foto] ....
Poste (n. m.) [pɔst] ....
Prétention (n. f.) [pʀetɑ̃sjɔ̃] ....
Profil (n. m.) [pʀɔfil] ....
Qualité (n. f.) [kalite] ....
Rapport (n. m.) [ʀapɔʀ] ....
Rattaché(e) (adj.) [ʀataʃe] ....
Recruter (v.) [ʀəkʀyte] ....
Rédaction (n. f.) [ʀedaksjɔ̃] ....
Rédiger [ʀediʒe] ....
Secteur (n. m.) [sɛktœʀ] ....
Similaire (adj.) [similɛʀ] ....
Statistique (n. f.) [statistik] ....
Suivi (n. m.) [sɥivi] ....
Suivre (v.) [sɥivʀ] ....
Supérieur(e) (n.) [sypɛʀjœʀ] ....
Tâche (n. f.) [taʃ] ....
Talent (n. m.) [talɑ̃] ....
Varié(e) (adj.) [vaʀje] ....
Visiteur(se) (n.) [vizitœʀ] ....

U7 Document B

Actuel(le) (adj.) [aktɥɛl] ....
Association (n. f.) [asɔsjasjɔ̃] ....
Base (n. f.) [baz] ....
Compétition (n. f.) [kɔ̃petisjɔ̃] ....
Complet (complète) (adj.) [kɔ̃plɛ] ....
Conseiller (n. m.) [kɔ̃seje] ....
Convoquer (v.) [kɔ̃vɔke] ....
Courant(e) (adj.) [kuʀɑ̃(t)] ....
Diplôme (n. m.) [diplom] ....
Durée (n. f.) [dyʀe] ....
École (n. f.) [ekɔl] ....
Écrire (v.) [ekʀiʀ] ....
Fermer (v.) [fɛʀme] ....
Fêter (v.) [fete] ....
Former (v.) [fɔʀme] ....
Important(e) (adj.) [ɛ̃pɔʀtɑ̃(t)] ....
Intérêt (n. m.) [ɛ̃teʀɛ] ....
Loi (n. f.) [lwa] ....
Loisir (n. m.) [lwaziʀ] ....
Meilleur(e) (adj.) [mɛjœʀ] ....
Mention (n. f.) [mɑ̃sjɔ̃] ....
Moyen (n. m.) [mwajɛ̃] ....
Moyenne (n. f.) [mwajɛn] ....
Naturel(le) (adj.) [natyʀɛl] ....
Notion (n. f.) [nosjɔ̃] ....
Occuper (v.) [ɔkype] ....
Participation (n. f.) [paʀtisipasjɔ̃] ....
Passer (v.) [pase] ....

Plaisir (n. m.) [plɛziʀ] ....
Préciser (v.) [pʀesize] ....
Prime (n. f.) [pʀim] ....
Promotion (n. f.) [pʀɔmosjɔ̃] ....
Prospection (n. f.) [pʀɔspɛksjɔ̃] ....
Réalisation (n. f.) [ʀealizasjɔ̃] ....
Recruteur (n. m.) [ʀəkʀytœʀ] ....
Se marier (v. pron.) [səmaʀje] ....
Signature (n. f.) [siɲatyʀ] ....
Sport (n. m.) [spɔʀ] ....
Transport (n. m.) [tʀɑ̃spɔʀ] ....

U7 Document C

Affaire (n. f.) [afɛʀ] ....
Boulot (n. m.) [bulo] ....
Challenge (n. m.) [tʃalɑ̃ʒ] ....
Conclure (v.) [kɔ̃klyʀ] ....
Conduite (n. f.) [kɔ̃dɥit] ....
Coordination (n. f.) [koɔʀdinasjɔ̃] ....
Défi (n. m.) [defi] ....
Déjà (adv.) [deʒa] ....
Déplacement (n. m.) [deplasmɑ̃] ....
Développement (n. m.) [devlɔpmɑ̃] ....
Embauche (n. f.) [ɑ̃boʃ] ....
Entrer (v.) [ɑ̃tʀe] ....
Entretien (n. m.) [ɑ̃tʀətjɛ̃] ....
Équipe (n. f.) [ekip] ....
État civil (n. m.) [etasivil] ....
Gagner (v.) [gaɲe] ....
Gourmand (adj.) [guʀmɑ̃] ....
Intéresser (v.) [ɛ̃teʀese] ....
Marché (n. m.) [maʀʃe] ....
Parcours (n. m.) [paʀkuʀ] ....
Perfectionner (v.) [pɛʀfɛksjɔne] ....
Pratiquer (v.) [pʀatike] ....
Professionnellement (adv.) [pʀofɛsjɔnɛlmɑ̃] ....
Promotionnel(le) (adj.) [pʀɔmosjɔnɛl] ....
Qualité (n. f.) [kalite] ....
Réaliser (v.) [ʀealize] ....
Rubrique (n. f.) [ʀybʀik] ....
Rugby (n. m.) [ʀygbi] ....
S'occuper (v. pron.) [sɔkype] ....

U7 Document D

Approuver (v.) [apʀuve] ....
Avantage (n. m.) [avɑ̃taʒ] ....
Bâtiment (n. m.) [batimɑ̃] ....
Brut (n. m.) [bʀyt] ....
Complètement (adv.) [kɔ̃plɛtmɑ̃] ....
Compter (v.) [kɔ̃te] ....
Congé (n. m.) [kɔ̃ʒe] ....
Disposer (v.) [dispoze] ....
Droit (n. m.) [dʀwa] ....

Embauché(e) (adj.) [ɑ̃boʃe] ....
Engagement (n. m.) [ɑ̃gaʒmɑ̃] ....
Engager (v.) [ɑ̃gaʒe] ....
Essai (n. m.) [esɛ] ....
Exemplaire (n. m.) [ɛgzɑ̃plɛʀ] ....
Indéterminé(e) (adj.) [ɛ̃detɛʀmine] ....
Informer (v.) [ɛ̃fɔʀme] ....
Légal(e) (adj.) [legal] ....
Matériel (n. m.) [mateʀjɛl] ....
Mensuel(le) (adj.) [mɑ̃sɥɛl] ....
Précédé(e) (adj.) [pʀesede] ....
Rémunération (n. f.) [ʀemyneʀasjɔ̃] ....
Retourner (v.) [ʀətuʀne] ....
Salaire (n. m.) [salɛʀ] ....

UNITÉ 8

U8 Document A

Activité (n. f.) [aktivite] ....
Annuel(le) (adj.) [anɥɛl] ....
Bain (n. m.) [bɛ̃] ....
Bâtonnet (n. m.) [batɔnɛ] ....
Beauté (n. f.) [bote] ....
Bijou (n. m.) [biʒu] ....
Boucher (bouchère) (n.) [buʃe/buʃɛʀ] ....
Boucherie (n. f.) [buʃʀi] ....
Boulanger (boulangère) (n.) [bulɑ̃ʒe/bulɑ̃ʒɛʀ] ....
Boulangerie (n. f.) [bulɑ̃ʒəʀi] ....
Bricolage (n. m.) [bʀikɔlaʒ] ....
Cabine (n. f.) [kabin] ....
Chaleureux (adj.) [ʃalœʀø] ....
Charcuterie (adj.) [ʃaʀkytʀi] ....
Charcutier (charcutière) (n.) [ʃaʀkytje/ʃaʀkytjɛʀ] ....
Cheveux (n. m. plu.) [ʃəvø] ....
Chiffre d'affaires (n. m.) [ʃifʀdafɛʀ] ....
Coiffure (n. f.) [kwafyʀ] ....
Commerçant (n. m.) [kɔmɛʀsɑ̃] ....
Commercialiser (v.) [kɔmɛʀsjalize] ....
Concurrent (n.) [kɔ̃kyʀɑ̃] ....
Construire (v.) [kɔ̃stʀɥiʀ] ....
Cordonnerie (n. f.) [kɔʀdɔnʀi] ....
Cordonnier (n. m.) [kɔʀdɔnje] ....
Corps (n. m.) [kɔʀ] ....
Couper (v.) [kupe] ....
Création (n. f.) [kʀeasjɔ̃] ....
Créer (v.) [kʀee] ....

Distribution (n. f.)
[distribysjɔ̃] ....
Domaine (n. m.)
[domɛn] ....
Effectif (adj.) [efɛktif]
Employer (v.) [ɑ̃plwaje] ....
Endroit (n. m.) [ɑ̃dRwa] ....
Entrepôt (n. m.) [ɑ̃tRəpo] ....
Esthéticienne (n. f.)
[ɛstetisjɛn] ....
Exporter (v.) [ɛkspɔRte] ....
Fabriquer (v.) [fabRike] ....
Familial(e) (adj.)
[familjal] ....
Fantaisie (n. f.) [fɑ̃tɛzi] ....
Fleuriste (n.) [flœRist] ....
Gamme (n. f.) [gam] ....
Gel [ʒɛl] ....
Historique (adj.) [istɔRik] ....
Hygiène (n. f.) [iʒjɛn] ....
Implantation (n. f.)
[ɛ̃plɑ̃tasjɔ̃] ....
Implanté(e) (adj.) [ɛ̃plɑ̃te] ....
Implanter (v.) [ɛ̃plɑ̃te] ....
Impression (n. f.)
[ɛ̃pResjɔ̃] ....
Origine (n. f.) [ɔRiʒin] ....
Parfumerie (n. f.)
[parfymRi] ....
Parfumeur (n. m.)
[parfymœR] ....
Pâtisserie (n. f.)
[patisRi] ....
Pâtissier (pâtissière) (n.)
[patisje/patisjɛR] ....
Plombier (n. m.)
[plɔ̃bje] ....
Poissonnerie (n. f.)
[pwasɔnRi] ....
Poissonnier (poissonnière) (n.)
[pwasɔɲe/pwasɔɲɛR] ....
Poser (v.) [poze] ....
Près (adv.) [pRɛ] ....
Produire (v.) [pRdɥiR] ....
Publicitaire (n.)
[pyblisitɛR] ....
Rejoindre (v.) [RəjwɛdR] ....
Réparer (v.) [RepaRe] ....
Sanitaires (n. m. plu.)
[sanitɛR] ....
Saucisson (n. m.)
[sosisɔ̃] ....
Sauna (n. m.) [sona] ....
Savon (n. m.) [savɔ̃] ....
Shampoing (n. m.)
[ʃapwɛ̃] ....
Siège (n. m.) [sjɛʒ] ....
Site (n. m.) [sit] ....
Social (n. m.) [sɔsjal] ....
Soin (n. m.) [swɛ̃] ....
Spa (n. m.) [spa] ....
Traditionnel(le) (adj.)
[tRadisjɔnɛl] ....
Vendre (v.) [vɑ̃dR] ....

U8 Document B

Achat (n. m.) [aʃa] ....
Administratif(ve) (adj.) [administRatif/
administRativ] ....

Catalogue (n. m.)
[katalɔg] ....
Comptable (n.) [kɔ̃tabl] ....
Conception (n. f.)
[kɔ̃sɛpsjɔ̃] ....
Courrier (n. m.) [kuRje] ....
Diriger (v.) [diRiʒe] ....
Fabrication (n. f.)
[fabRikasjɔ̃] ....
Facture (n. f.) [faktyR] ....
Financier (financière) (adj.)
[finɑ̃sje/finɑ̃sjɛR] ....
Fixer (v.) [fikse] ....
Général(e) (adj.)
[ʒeneRal] ....
Machine (n. f.) [maʃin] ....
Management (n. m.)
[manadʒmənt] ....
Mélanger (v.) [melɑ̃ʒe] ....
Organigramme (n. m.)
[ɔRganigRam] ....
Proche (adj.) [pRɔʃ] ....
Responsabilité (n. f.)
[Rɛspɔ̃sabilite] ....

U8 Document C

Automatiquement (adv.)
[otomatikmɑ̃] ....
Air (n. m.) [ɛR] ....
Bac (n. m.) [bak] ....
Carton (n. m.) [kaRtɔ̃] ....
Cuisson (n. f.) [kɥisɔ̃] ....
Chaîne (n. f.) [ʃɛn] ....
Chauffer (v.) [ʃofe] ....
Chaux (n. f.) [ʃo] ....
Composant (n. m.)
[kɔ̃pozɑ̃] ....
Composer (v.) [kɔ̃poze] ....
Contrôler (v.) [kɔ̃tRole] ....
Couteau (n. m.) [kuto] ....
Cube (n. m.) [kyb] ....
Cuire (n. m.) [kɥiR] ....
Découper (v.) [dekupe] ....
Délégation (n. f.)
[delegasjɔ̃] ....
Depuis (prép.) [dəpɥi] ....
Disposition (n. f.)
[dispozisjɔ̃] ....
Durcir (v.) [dyRsiR] ....
Enfin (prép.) [ɑ̃fɛ̃] ....
Enlever (v.) [ɑ̃lve] ....
Étape (n. f.) [etap] ....
Exister (v.) [ɛgziste] ....
Faim (n. f.) [fɛ̃] ....
Fluide (n. m.) [flɥid] ....
Goutte (n. f.) [gut] ....
Idéal (adj.) [ideal] ....
Inauguration (n. f.)
[inogyRasjɔ̃] ....
Installer (v.) [ɛ̃stale] ....
Laisser (v.) [lɛse] ....
Laver (v.) [lave] ....
Liquide (n. m.) [likid] ....
Mécaniquement (adv.)
[mekanikmɑ̃] ....
Mélange (n. m.)
[melɑ̃ʒ] ....
Moule (n. m.) [mul] ....
Nommer (v.) [nɔme] ....

Obtenir (v.) [ɔbtəniR] ....
Ouvrier (n. m.)
[uvRije] ....
Pâte (n. f.) [pat] ....
Pétale (n. m.) [petal] ....
Piloter (v.) [pilɔte] ....
Plusieurs (adj.)
[plyzjœR] ....
Pousser (v.) [puse] ....
Procédé (n. m.)
[pRɔsede] ....
Rajouter (v.) [Raʒute] ....
Refroidir (v.)
[RəfRwadiR] ....
Remplir (v.) [Rɑ̃pliR] ....
Reposer (v.)
[Rəpoze] ....
Sable [sabl] ....
Salé(e) (adj.) [sale] ....
Secret (n. m.) [səkRɛ] ....
Sertir (v.) [sɛRtiR] ....
Solide (n. m.) [sɔlid] ....
Sortie (n. f.) [sɔRti] ....
Soude (n. f.) [sud] ....
Souffler (v.) [sufle] ....
Stériliser (v.)
[steRilize] ....
Terminé(e) (adj.)
[tɛRmine] ....
Végétale (n. m.)
[veʒetal] ....
Ventilé (adj.) [vɑ̃tile] ....

U8 Document D

Alcoolisée (adj.)
[alkolize] ....
Appeler (v.) [aple] ....
Bagage (n. m.)
[bagaʒ] ....
Car (prép.) [kaR] ....
Carrefour (n. m.)
[kaRfuR] ....
Casque (n. m.) [kask] ....
Coffre (n. m.) [kɔfR] ....
Compte rendu (n. m.)
[kɔ̃tRɑ̃dy] ....
Courir (v.) [kuRiR] ....
Cueillir (v.) [kœjiR] ....
Dépasser (v.)
[depase] ....
Essence (n. f.) [esɑ̃s] ....
Éviter (v.) [evite] ....
Exactement (adv.)
[ɛgzaktəmɑ̃] ....
Feu (n. m.) [fø] ....
Feuille (n. f.) [fœj] ....
Frapper (v.) [fRape] ....
Halte (n. f.) [alt] ....
Interdit(e) (adj.)
[ɛtɛRdi(t)] ....
Juste (adj.) [ʒyst] ....
Limite (n. f.) [limit] ....
Loin (adv.) [lwɛ̃] ....
Longer (v.) [lɔ̃ʒe] ....
Mètre (n. m.) [mɛtR] ....
Pelouse (n. f.) [pəluz] ....
Perdu(e) (adj.) [pɛRdy] ....
Plein (n. m.) [plɛ̃] ....
Pont (n. m.) [pɔ̃] ....

Prévoir (v.) [pʀevwar] ....
Repos (n. m.) [ʀəpo] ....
Route (n. f.) [ʀut] ....
Rue (n. f.) [ʀy] ....
Sommeil (n. m.) [sɔmɛj] ....
Station-service (n. f.)
  [stasjɔ̃sɛʀvis] ....
Tourner (v.) [tuʀne] ....
Traverser (v.)
  [tʀavɛʀse] ....
Tutoyer (v.) [tytwaje] ....
Ville (n. f.) [vil] ....
Vitesse (n. f.) [vitɛs] ....
Zone (n. f.) [zon] ....

UNITÉ 9
U9 Document A

Allumer (v.) [alyme] ....
Aussi (adv.) [osi] ....
Avaler (v.) [avale] ....
Basket-ball (n. m.)
  [baskɛtbol] ....
Caleçon (n. m.) [kalsɔ̃] ....
Ceinture (n. f.) [sɛ̃tyʀ] ....
Chaussette (n. f.)
  [ʃosɛt] ....
Chemise (n. f.) [ʃəmiz] ....
Chemisier (n. m.)
  [ʃəmizje] ....
Comptabilité (n. f.)
  [kɔ̃tabilite] ....
Confrère (n. m.)
  [kɔ̃fʀɛʀ] ....
Consultation (n. f.)
  [kɔ̃syltasjɔ̃] ....
Costume (n. m.)
  [kɔstym] ....
Cravate (n. f.)
  [kʀavat] ....
Défilé (n. m.) [defile] ....
Dépannage (n. m.)
  [depanaʒ] ....
Détaché(e) (adj.)
  [detaʃe] ....
Devis (n. m.) [dəvi] ....
Échecs (n. m.) [eʃɛk] ....
Escalade (n. f.)
  [ɛskalad] ....
Exposer (v.) [ɛkspoze] ....
Extérieur (n. m.)
  [ɛkstɛʀjœʀ] ....
Fois (n. f.) [fwa] ....
Fournisseur (n. m.)
  [fuʀnisœʀ] ....
Généralement (adv.)
  [ʒeneralmɑ̃] ....
Guitare (n. f.) [gitaʀ] ....
Habituellement (adv.)
  [abitɥɛlmɑ̃] ....
Imperméable (n. m.)
  [ɛ̃pɛʀmeabl] ....
Installation (n. f.)
  [ɛ̃stalasjɔ̃] ....
Jupe (n. f.) [ʒyp] ....
Lecture (n. f.) [lɛktyʀ] ....
Lire (v.) [liʀ] ....
Maladie (n. f.) [maladi] ....
Maintenance (n. f.)
  [mɛ̃tnɑ̃s] ....

Mannequin (n. m.) [mankɛ̃] ....
Marche (n. f.) [maʀʃ] ....
Matinée (n. f.) [matine] ....
Médical (adj.) [medikal] ....
Natation (n. f.) [natasjɔ̃] ....
Pantalon (n. m.) [pɑ̃talɔ̃] ....
Parfois (adv.) [paʀfwa] ....
Passer (v.) [pase] ....
Patient (n. m.) [pasjɑ̃] ....
Pause (n. f.) [poz] ....
Piano (n. m.) [pjano] ....
Professionnel(le) (adj.)
  [pʀofesjɔnɛl] ....
Pull (n. m.) [pyl] ....
Quitter (v.) [kite] ....
Rapport (n. m.) [ʀapɔʀ] ....
Rarement (adv.) [ʀaʀmɑ̃] ....
Rencontrer (v.) [ʀɑ̃kɔ̃tʀe] ....
Rentrer (v.) [ʀɑ̃tʀe] ....
Rester (v.) [ʀeste] ....
Retraite (n. f.) [ʀətʀɛt] ....
Réveil (n. m.) [ʀevɛj] ....
Réveiller (v.) [ʀeveje] ....
Rituel (n. m.) [ʀitɥɛl] ....
Robe (n. f.) [ʀɔb] ....
Salon (v.) [salɔ̃] ....
S'entraîner (v. pron.)
  [sɑ̃tʀene] ....
Se coucher (v. pron.)
  [səkuʃe] ....
Se dépêcher (v. pron.)
  [sədepeʃe] ....
Se doucher (v. pron.)
  [səduʃe] ....
S'endormir (v. pron.)
  [sɑ̃dɔʀmir] ....
S'habiller (v. pron.)
  [sabije] ....
S'installer (v. pron.)
  [sɛ̃stale] ....
S'intéresser (v. pron.)
  [sɛ̃teʀese] ....
S'investir (v. pron.)
  [sɛ̃vɛstiʀ] ....
Se laver (v. pron.)
  [səlave] ....
Se maquiller (v. pron.)
  [səmakije] ....
Se préparer (v. pron.)
  [səpʀepaʀe] ....
Se raser (v. pron.)
  [səʀaze] ....
Se reposer (v. pron.)
  [səʀəpoze] ....
Se réveiller (v. pron.)
  [səʀeveje] ....
Sonner (v.) [sɔne] ....
Succursale (n. f.)
  [sykyʀsal] ....
Tailleur (n. m.)
  [tajœʀ] ....
Témoignage (n. m.)
  [temwaɲaʒ] ....
Tropical(e) (adj.)
  [tʀɔpikal] ....
Urgent (adj.) [yʀʒɑ̃] ....
Vélo (n. m.) [velo] ....
Vers (prép.) [vɛʀ] ....
Veste (n. f.) [vɛst] ....
Voile (n. f.) [vwal] ....

U9 Document B

Collection (n. f.)
  [kɔlɛksjɔ̃] ....
Confirmer (v.)
  [kɔ̃fiʀme] ....
Falloir (v.) [falwaʀ] ....
Note (v.) [nɔt] ....
Noté(e) (adj.) [nɔte] ....
Oublier (v.) [ublije] ....
Planifier (v.) [planifje] ....
Prêt-à-porter (n. m.)
  [pʀɛtapɔʀte] ....
Prévu(e) (adj.) [pʀevy] ....
Rapide (adj.) [ʀapid] ....
Rappeler (v.) [ʀaple] ....
Reporter (v.) [ʀəpɔʀte] ....
Salle (n. f.) [sal] ....
Télécopie (n. f.)
  [telekɔpi] ....
Augmentation (n. f.)
  [ogmɑ̃tasjɔ̃] ....

U9 Document C

Accepter (v.) [aksɛpte] ....
Chien (n. m.) [ʃjɛ̃] ....
Code (n. m.) [kɔd] ....
Concernant (prép.)
  [kɔ̃sɛʀnɑ̃] ....
Directive (n. f.) [diʀɛktiv] ....
Ébriété (n. f.) [ebʀijete] ....
Emporter (v.) [ɑ̃pɔʀte] ....
Ensemble (n. m.) [ɑ̃sɑ̃bl] ....
Établissement (n. m.)
  [etablismɑ̃] ....
Éteindre (v.) [etɛ̃dʀ] ....
Fumer (v.) [fyme] ....
Inflammable (adj.)
  [ɛ̃flamabl] ....
Interdiction (n. f.)
  [ɛ̃tɛʀdiksjɔ̃] ....
Introduire (v.)
  [ɛ̃tʀodɥiʀ] ....
Lancer (v.) [lɑ̃se] ....
Mesure (n. f.) [məzyʀ] ....
Observer (v.) [ɔbsɛʀve] ....
Paiement (n. m.)
  [pɛmɑ̃] ....
Panneau (n. m.) [pano] ....
Participer (v.) [paʀtisipe] ....
Personnel (n. m.)
  [pɛʀsɔnɛl] ....
Photocopieur (n. m.)
  [fotokopjœʀ] ....
Plateau (n. m.) [plato] ....
Présentation (n. f.)
  [pʀezɑ̃tasjɔ̃] ....
Qualité (n. f.) [kalite] ....
Rappel (n. m.) [ʀapɛl] ....
Rapporter (v.) [ʀapɔʀte] ....
Recevoir (v.) [ʀəsəvwaʀ] ....
Règlement (n. m.)
  [ʀɛgləmɑ̃] ....
Respecter (v.) [ʀɛspɛkte] ....
Restauration (n. f.)
  [ʀestoʀasjɔ̃] ....
Révéler (v.) [ʀevele] ....
Secret (n. m.) [səkʀɛ] ....
Sécurité (n. f.) [sekyʀite] ....
Signaler (v.) [siɲale] ....

LEXIQUE

Stationnement (n. m.) [stasjɔ̃nmã]

Utiliser (v.) [ytilize]

U9 Document D

Adulte (n.) [adylt]
Ambiance (n. f.) [ãbjãs]
Bienvenue (n. f.) [bjɛ̃vny]
Cocktail (n. m.) [kɔktɛl]
Compositeur (n. m.) [kɔ̃pozitœʀ]
Dépanner (v.) [depane]
Doigt (n. m.) [dwa]
Emmener (v.) [ãmne]
Établir (v.) [etabliʀ]
Excursion (n. f.) [ɛkskyʀsjɔ̃]
Fatigué(e) (adj.) [fatige]
Parfait(e) (adj.) [paʀfɛ]
Partenaire (n.) [paʀtənɛʀ]
Prévoir (v.) [pʀevwaʀ]
Probablement (adv.) [pʀɔbabləmã]
Proposer (v.) [pʀɔpoze]
Proposition (n. f.) [pʀɔpozisjɔ̃]
Raccompagner (v.) [ʀakɔ̃paɲe]
Réduit (adj.) [ʀedɥi]
Réparateur (n. m.) [ʀepaʀatœʀ]
S'asseoir (v. pron.) [saswaʀ]
Sain(e) (adj.) [sɛ̃/sɛn]
Sauf (prép.) [sof]
Sauf(ve) (adj.) [sof/sov]
Soirée (n. f.) [swaʀe]
Styliste (n.) [stilist]
Sympathique (adj.) [sɛ̃patik]
Témoigner (v.) [temwaɲe]
Tradition (n. f.) [tʀadisjɔ̃]

UNITÉ 10
U10 Document A

Appuyer (v.) [apɥije]
Assurance (n. f.) [asyʀãs]
Besoin (n. m.) [bəzwɛ̃]
Bulletin (n. m.) [byltɛ̃]
Capacité (n. f.) [kapasite]
Carnet de chèque (n. m.) [kaʀnɛdəʃɛk]
Carte bancaire (n. f.) [kaʀtbɑ̃kɛʀ]
Clientèle (n. f.) [klijãtɛl]
Compte (n. m.) [kɔ̃t]
Condition (n. f.) [kɔ̃disjɔ̃]
Confiance (n. f.) [kɔ̃fjãs]
Crédit (n. m.) [kʀedi]
Créditer (v.) [kʀedite]
Débit (n. m.) [debi]
Débiter (v.) [debite]
Élevé(e) (adj.) [elve]
Emprunter (v.) [ãpʀɛ̃te]
Enveloppe (n. f.) [ãvlɔp]

Espèce (n. f.) [ɛspɛs]
Facture (n. f.) [faktyʀ]
Facturette (n. f.) [faktyʀɛt]
Garantie (n. f.) [garãti]
Intéressé(e) (adj.) [ɛ̃teʀese]
Jeu (n. m.) [ʒə]
Justificatif (n. m.) [ʒystifikatif]
Ouvrir (v.) [uvʀiʀ]
Perte (n. f.) [pɛʀt]
Prêt (n. m.) [pʀɛ]
Prêter (v.) [pʀete]
Quittance (n. f.) [kitãs]
Réception (n. f.) [ʀesɛpsjɔ̃]
Règlement (n. m.) [ʀɛɡləmã]
Régler (v.) [ʀegle]
Relevé (n. m.) [ʀəlve]
Rénover (v.) [ʀenove]
Retard (n. m.) [ʀətaʀ]
Retirer (v.) [ʀətiʀe]
Retrait (n. m.) [ʀətʀɛ]
(Se) connecter (v.) [(sə)kɔnɛkte]
Téléconseiller (n. m.) [telekɔ̃seje]
Touche (n. f.) [tuʃ]
Virement (n. m.) [viʀmã]
Virer [viʀe]

U10 Document B

Adhésif(ve) (adj.) [adezif]
Angine (n. f.) [ãʒin]
Angle (n. m.) [ãɡl]
Antibiotique (n. m.) [ãtibjotik]
Anti-inflammatoire (n. m.) [ãtiɛ̃flamatwaʀ]
Ausculter (v.) [oskylte]
Bouche (n. f.) [buʃ]
Bras (n. m.) [bʀa]
Cachet (n. m.) [kaʃɛ]
Certificat (n. m.) [sɛʀtifika]
Cheville (n. f.) [ʃəvij]
Clavier (n. m.) [klavje]
Comprimé (n. m.) [kɔ̃pʀime]
Contracter (v.) [kɔ̃tʀakte]
Cou (n. m.) [ku]
Coude (n. m.) [kud]
Debout (adj.) [dəbu]
Dent (n. f.) [dã]
Dentaire (adj.) [dãtɛʀ]
Diarrhée (n. f.) [djaʀe]
Doigt (n. m.) [dwa]
Dos (n. m.) [do]
Douleur (n. f.) [dulœʀ]
Droit(e) (adj.) [dʀwa(t)]
Écran (n. m.) [ekʀã]
Effervescent(e) (adj.) [efɛʀvesã]
Élastique (adj.) [elastik]

Entorse (n. f.) [ãtɔʀs]
Entraîner (v.) [ãtʀene]
Épaule (n. f.) [epol]
Examiner (v.) [ɛɡzamine]
Excédé(e) (adj.) [ɛksede]
Fatiguer (v.) [fatige]
Fauteuil (n. m.) [fotœj]
Fesse (n. f.) [fɛs]
Feuille de soins (n. f.) [fœjdəswɔ̃]
Fièvre (n. f.) [fjɛvʀ]
Fléchir (v.) [fleʃiʀ]
Forme (n. f.) [fɔʀm]
Front (n. m.) [fʀɔ̃]
Genou (n. m.) [ʒənu]
Gorge (n. f.) [ɡɔʀʒ]
Grave (adj.) [ɡʀav]
Grippal(e) (adj.) [ɡʀipal]
Grippe (n. f.) [ɡʀip]
Hanche (n. f.) [ãʃ]
Humeur (n. f.) [ymœʀ]
Jambe (n. f.) [ʒãb]
Joue (n. f.) [ʒu]
Lèvre (n. f.) [lɛvʀ]
Longtemps (adv) [lɔ̃tã]
Lourd(e) (adj.) [luʀ(d)]
Main (n. f.) [mɛ̃]
Mal (n. m.) [mal]
Menton (n. m.) [mãtɔ̃]
Muscle (n. m.) [myskl]
Nez (n. m.) [ne]
Nuque (n. f.) [nyk]
Opération (n. f.) [ɔpeʀasjɔ̃]
Ordonnance (n. f.) [ɔʀdɔnãs]
Oreille (n. f.) [ɔʀɛj]
Otite (n. f.) [ɔtit]
Pansement (n. m.) [pãsmã]
Paresseux(se) (adj.) [paʀesə]
Pied (n. m.) [pje]
Plier (v.) [plije]
Poignet (n. m.) [pwaɲɛ]
Poil (n. m.) [pwal]
Poitrine (n. f.) [pwatʀin]
Prélèvement (n. m.) [pʀelɛvmã]
Prescription (n. f.) [pʀɛskʀipsjɔ̃]
Prescrire (v.) [pʀɛskʀiʀ]
Rhume (n. m.) [rym]
Se casser (v.) [səkase]
Se déshabiller (v.) [sədezabije]
Se soigner (v.) [səswaɲe]
Sirop (n. m.) [siʀo]
Somnifère (n. m.) [sɔmnifɛʀ]
Sourcil (n. m.) [suʀsil]
Souris (n. f.) [suʀi]
Symptôme (n. m.) [sɛ̃ptom]
Talon (n. m.) [talɔ̃]
Tendinite (n. f.) [tãdinit]
Tête (n. f.) [tɛt]
Torse (n. m.) [tɔʀs]

Tousser (v.) [tuse] ....
Traitement (n. m.)
  [tʀɛtmɑ̃] ....
Traumatologie (n. f.)
  [tʀomatoloʒi] ....
Ventre (n. m.) [vɑ̃tʀ] ....
Vomir (v.) [vɔmiʀ] ....

U10 Document C

Anomalie (n. f.)
  [anɔmali] ....
Anormal(e) (adj.)
  [anɔʀmal] ....
Bénéficier (v.)
  [benefisje] ....
Bizarre (adj.) [bizaʀ] ....
Bouché(e) (adj.) [buʃe] ....
Bouton (n. m.) [butɔ̃] ....
Brancher [bʀɑ̃ʃe] ....
Bruit (n. m.) [bʀɥi] ....
Cassé(e) (adj.) [kase] ....
Chauffe-eau (n. m.)
  [ʃofo] ....
Circuit (n. m.) [siʀkɥi] ....
Clignoter (v.) [kliɲote] ....
Climatiseur (n. m.)
  [klimatizœʀ] ....
Coincé(e) (adj.) [kwɛ̃se] ....
Courant (n. m.) [kuʀɑ̃] ....
Court-circuit (n. m.)
  [kuʀsiʀkɥi] ....
Cuve (n. f.) [kyv] ....
Dangereux(se) (adj.)
  [dɑ̃ʒʀø(z)] ....
Défaut (n. m.) [defo] ....
Défectueux(se) (adj.)
  [defɛktɥø(z)] ....
Démontage (n. m.)
  [demɔ̃taʒ] ....
Drôle (adj.) [dʀol] ....
Encre (n. f.) [ɑ̃kʀ] ....
Entretien (n. m.)
  [ɑ̃tʀətjɛ̃] ....
Foncé(e) (adj.) [fɔ̃se] ....

Fonctionnement (n. m.)
  [fɔ̃ksjɔnmɑ̃] ....
Fonctionner (v.)
  [fɔ̃ksjɔne] ....
Fuite (n. f.) [fɥit] ....
Intervention (n. f.)
  [ɛ̃tɛʀvɑ̃sjɔ̃] ....
Lavabo (n. m.) [lavabo] ....
Lave-vaisselle (n. m.)
  [lavvesɛl] ....
Lorsque (adv) [lɔʀsk] ....
Marcher (v.) [maʀʃe] ....
Moteur (n. m.) [mɔtœʀ] ....
Nettoyage (n. m.)
  [netwajaʒ] ....
Panne (n. f.) [pan] ....
Papier (n. m.) [papje] ....
Performant (adj.)
  [pɛʀfɔʀmɑ̃] ....
Photocopieuse (n. f.)
  [fotocɔpjez] ....
Radiateur (n. m.)
  [ʀadjatœʀ] ....
Réglage (n. m.)
  [ʀeglaʒ] ....
Réglé(e) (adj.) [ʀegle] ....
Régulièrement (adv)
  [ʀegyljɛʀmɑ̃] ....
Remettre (v.) [ʀəmɛtʀ] ....
Remplacement (n. m.)
  [ʀɑ̃plasmɑ̃] ....
Renverser (v.) [ʀɑ̃vɛʀse] ....
Réparation (n. f.)
  [ʀepaʀasjɔ̃] ....
Réservoir (n. m.)
  [ʀezɛʀvwaʀ] ....
Sauter (v.) [sote] ....
Sucer (v.) [syse] ....
Tache (n. f.) [taʃ] ....
Taché(e) (adj.) [taʃe] ....
Technicien (n. m.)
  [tɛknisjɛ̃] ....
Vérifier (v.) [veʀifje] ....
Vidange (n. f.) [vidɑ̃ʒ] ....
Voyant (n. m.) [vwajɑ̃] ....

U10 Document D

Âgé(e) (adj.) [aʒe] ....
Allongé(e) (adj.) [alɔ̃ʒe] ....
Ambulance (n. f.)
  [ɑ̃bylɑ̃s] ....
Arracher (v.) [aʀaʀe] ....
Blessé(e) (adj.) [blese] ....
Blond(e) (adj.) [blɔ̃d] ....
Blouson (n. m.) [bluzɔ̃] ....
Bouclé(e) (adj.) [bukle] ....
Brun(e) (adj.)
  [bʀœ̃/bʀyn] ....
Casquette (n. f.) [kaskɛt] ....
Chauve (adj.) [ʃov] ....
Contenir (v.) [kɔ̃tniʀ] ....
Contenu (n. m.) [kɔ̃tny] ....
Couleur (n. f.) [kulœʀ] ....
Cuir (n. m.) [kɥir] ....
Déclaration (n. f.)
  [deklaʀasjɔ̃] ....
Élégant(e) (adj.)
  [elegɑ̃(t)] ....
Ennuyeux (adj.) [ɑ̃nɥijø] ....
Frisé(e) (adj.) [fʀize] ....
Gros(se) (adj.) [gro(s)] ....
Matière (n. f.) [matjɛʀ] ....
Moustache (n. f.)
  [mustaʃ] ....
Opposition (n. f.)
  [ɔpozisjɔ̃] ....
Par terre (adv) [paʀtɛʀ] ....
Porte-monnaie (n. m.)
  [pɔʀtmɔnɛ] ....
Queue (n. f.) [kø] ....
Rayé(e) (adj.) [ʀeje] ....
S'enfuir (v.) [sɑ̃fɥiʀ] ....
Sang (n. m.) [sɑ̃] ....
Taille (n. f.) [taj] ....
Tissu (n. m.) [tisy] ....
Trembler (v.) [tʀɑ̃ble] ....
Vêtu(e) (adj.) [vety] ....
Visage (n. m.) [vizaʒ] ....
Vol (n. m.) [vɔl] ....
Voler (v.) [vole] ....

Imprimé en France par Mame Imprimeurs à Tours (n° 08032237)
Dépôt légal : 05/2008 – Collection 27
Édition 03 – 15/5445/0